职业技能培训教材

交际礼仪

（第二版）

中国劳动社会保障出版社

图书在版编目(CIP)数据

交际礼仪/李选友主编．—2版．—北京：中国劳动社会保障出版社，2006

职业技能培训教材

ISBN 978-7-5045-5465-9

Ⅰ．交…　Ⅱ．李…　Ⅲ．人间交往-礼仪-技术培训-教材　Ⅳ．C912.1

中国版本图书馆 CIP 数据核字(2006)第 010021 号

中国劳动社会保障出版社出版发行

（北京市惠新东街 1 号　邮政编码：100029）

出 版 人：张梦欣

*

北京隆昌伟业印刷有限公司印刷装订　新华书店经销

850 毫米×1168 毫米　32 开本　7 印张　156 千字

2006 年 4 月第 2 版　2009 年 8 月第 6 次印刷

定价：13.00 元

读者服务部电话：010－64929211

发行部电话：010－64927085

出版社网址：http://www.class.com.cn

前　言

《中华人民共和国劳动法》规定："从事技术工种的劳动者，上岗前必须经过培训。"国家对相应的职业制定《职业技能标准》，实行职业技能培训。

职业技能培训是提高劳动者知识与技能水平、增强劳动者就业能力的有效措施。社会主义市场经济条件下，劳动者竞争上岗，以贡献定报酬，这种新型的劳动、分配制度，正成为千千万万劳动者努力提高职业技能的动力。

实施职业技能培训，教材建设是重要的一环。为适应职业技能培训的迫切需要，推动职业培训教学改革，提高培训质量，中国劳动社会保障出版社会同劳动和社会保障部有关司局，组织有关专家、技术人员和职业培训教学人员编写了《职业技能培训教材》系列丛书。

《职业技能培训教材》以相应工种、专业的《职业技能标准》为依据，贯彻"求知重能"的原则，在保证知识连贯性的基础上，着眼于技能操作，力求内容浓缩、精练，突出教材的针对性、典型性、实用性。

《职业技能培训教材》供各级培训机构的学员参加培训、考核使用，亦可作为就业培训、再就业培训、劳动预备制培训用书，对于各类职业技术学校师生、相关行业技术人员也有较高的参考价值。

百年大计，质量第一。编写《职业技能培训教材》是一项艰巨的探索性工作，不足之处在所难免，恳切欢迎各使用单位和读者提出宝贵意见和建议。

劳动和社会保障部教材办公室

简 介

本书由劳动和社会保障部教材办公室委托湖北省劳动保障厅组织编写，供职业技能培训公共关系专业使用的统编教材。

本书内容包括交际礼仪概述，公关人员的礼仪素质，交际礼仪的基本原则，交际礼仪语言，日常交际礼节，办公室人员礼仪，一般服务礼节，公共场合的交际礼仪，宗教、民俗礼仪及同外宾、港澳台人士交往的礼仪，礼仪实习等。

本书也可供职业学校、在职培训及自学使用。

本书由李选友主编，孙远超、许传荣、朱江、陈荷秀、朱中清、胡求予参加编写。全书由刘希彬、李凯、陈传松审稿。

再版说明

由湖北省劳动保障厅组织编写的职业技能培训教材《交际礼仪》自第一版出版以来，经过几年在实际教学中的使用，教师和学员对教材的层次分明、重点突出、文字简练、通俗易懂等特点给予了充分的肯定。

随着科学技术和国民经济的迅猛发展，以及职业培训教学的不断改革，急需对本书增加一些新的内容。另外，随着社会的发展，书中有一些提法也需要改进，为此，我们对本书进行了修订。欢迎各地在使用第二版教材时，提出宝贵意见和建议，使这本职业技能培训教材能够更好地适用于实际培训工作。

劳动和社会保障部教材办公室

目　录

第一章　交际礼仪概述……………………………………（1）

第一节　交际礼仪的概念及其发展概况……………………（1）

第二节　交际礼仪的种类、特点和作用……………………（3）

习题…………………………………………………………（8）

第二章　公关人员的礼仪素质………………………………（9）

第一节　公关人员的仪表规范………………………………（9）

第二节　公关人员的能力……………………………………（21）

第三节　公关人员素质的培养………………………………（29）

习题…………………………………………………………（32）

第三章　交际礼仪的基本原则………………………………（33）

第一节　交际礼仪基本原则的内容…………………………（33）

第二节　交际礼仪原则的相互关系与运用…………………（43）

习题…………………………………………………………（44）

第四章　交际礼仪语言………………………………………（45）

第一节　交际礼仪语言的属性………………………………（45）

第二节　交际礼仪语言的类型……………………………（49）
第三节　常用交际礼仪语言………………………………（53）
第四节　交际礼仪与口才…………………………………（59）
第五节　交际礼仪语言的应用要求………………………（74）
习题……………………………………………………………（77）

第五章　日常交际礼节……………………………………（80）

第一节　日常交际礼节的基本内容………………………（80）
第二节　日常交际礼节的情感效应………………………（85）
第三节　日常交际礼节的公关色彩………………………（87）
第四节　日常交际礼节的正确运用………………………（89）
习题……………………………………………………………（94）

第六章　办公室人员的礼仪………………………………（95）

第一节　办公室的交际特点和作用………………………（95）
第二节　办公室工作礼仪…………………………………（98）
第三节　办公室人员的交际礼仪…………………………（104）
习题……………………………………………………………（109）

第七章　一般服务礼节……………………………………（110）

第一节　客厅餐厅客房服务礼节…………………………（110）
第二节　参观旅游访问礼节………………………………（116）
第三节　通信交通引路礼节………………………………（121）
第四节　宾主交谈礼节……………………………………（126）
第五节　处理偶发事故的礼节……………………………（130）

第六节　迎宾和送客礼节……………………………… (133)
习题……………………………………………………… (138)

第八章　公关场合的交际礼仪……………………… (139)

第一节　公关场合的含义及交际的特点和作用………… (139)
第二节　公关场合交际礼仪的内容及运用……………… (141)
第三节　商务活动礼仪…………………………………… (162)
习题……………………………………………………… (169)

第九章　宗教、民俗礼仪及同外宾、港澳台人士交往的礼仪……………………………………………… (170)

第一节　重视宗教礼仪的意义…………………………… (170)
第二节　宗教礼仪的一般规范…………………………… (171)
第三节　同宗教界人士交往的礼仪……………………… (184)
第四节　我国民俗礼仪简介……………………………… (186)
第五节　同外宾、港澳台人士交往的礼仪……………… (191)
习题……………………………………………………… (202)

第十章　礼仪实习…………………………………… (203)

第一节　礼仪实习的重要意义…………………………… (203)
第二节　礼仪实习的原则和方法………………………… (204)
第三节　礼仪实习策划…………………………………… (208)
第四节　学生礼仪实习成绩考核………………………… (210)

第一章　交际礼仪概述

交际礼仪是中华民族文化的重要组成部分。在对内搞活、对外开放的今天，了解交际礼仪的历史发展，明确交际礼仪的内容、种类和特点以及交际礼仪的实际作用十分重要。

第一节　交际礼仪的概念及其发展概况

一、交际礼仪的概念

交际礼仪是指人们在社交活动中所共同遵守的礼节、仪式，即必须严格遵守的一种礼貌行为规范和法则。

交际礼仪属于上层建筑范畴，反映了一定的思想观念和道德标准，是人们沟通思想、联络感情、调节人际关系和开展公关实务活动的一种交际方式和手段。

二、礼仪和礼节

礼仪和礼节既相互联系又相互区别。礼节是待人接物的规矩，表示尊敬、祝贺、哀悼等，属于礼仪行为规范。这些规矩往往是约定俗成、相沿成习的。但是，某些礼节规则也不是一成不变的，会随着社会文明的发展逐步变化。

礼仪和礼节是有区别的，具体表现在以下几个方面：

第一，礼仪是一种行为规范，而礼节则是这种行为规范的具体表现形式。比如，在举行婚礼仪式时，夫妻互拜、互赠礼物，主婚人、证婚人讲话就属于礼仪的一种具体礼节。日常生活中，人们往往把礼仪和礼节等同起来，这是由于人们没有正确理解礼仪和礼节的内涵所造成的。

第二，礼仪具有相对的稳定性，而礼节则随着时代的变迁和人们思想道德观念的改变而有所变化。中国是一个礼仪大国，早在奴隶社会和封建社会时期，人们就非常重视礼节，并把礼节作为约束人们的行为和安邦治国的一种重要手段。统治阶级要人们“非礼勿视，非礼勿听，非礼勿言，非礼勿动”。随着社会的进步和人们思想观念的变化，有很多礼节已被逐步淘汰。但礼仪则变化较小，具有相对的稳定性。

第三，礼仪一般是在比较正规的场合下运用的，是针对公关交际活动的整体而言的，而礼节不仅常用于正规交际场合中，在非正规交际活动中也经常使用。

三、交际礼仪的形成和发展

交际礼仪的形成和发展经历了漫长的历史过程。礼在我国，古已有之。早在奴隶社会，孔子就提出“齐之以礼”，主张用“礼”来规范人们的行为。荀子提出“人无礼则不生，事无礼则不成，国家无礼则不宁”。“礼”被儒家视为最高的道德标准之一。到了封建社会，封建统治阶级为了维护其统治地位，又在奴隶社会“礼”的基础上明确规定对不同的人施以不同的“礼”，如皇帝具有至高无上的权力，黎民百姓都要顶礼膜拜，否则便会大祸临头，可见，“礼”在维护统治阶级地位方面起着一定的作用。同时，“礼”在一定范围内也调节着统治者与人民之间的关系。

后来，我国人民在中国共产党的领导下推翻了三座大山，翻身做了主人。为了社会主义的建设和发展，为了建立一种新型的人际关系，我国人民一方面继承和发展了“礼”中的精华；另一方面又克服了“礼”中的糟粕，即封建迷信的一面。随着社会的发展和改革开放政策的实施，人们越来越重视“礼”在当代公关交际活动中的作用和影响。交际礼仪就是在这样的基础上形成和发展起来的。

第二节 交际礼仪的种类、特点和作用

一、交际礼仪的种类

按照交际礼仪运用的性质和范围的差别，可将交际礼仪分为日常交际礼仪和公关场合中的交际礼仪，以及特殊交际礼仪。在此重点介绍日常交际礼仪和公关场合中的交际礼仪。

1. 日常交际礼仪

日常交际礼仪即非正式场合中的仪式和礼节，主要包括称呼、迎候、介绍、致谢、致歉、告别、握手、拥抱等礼节。

2. 公关场合中的交际礼仪

公关场合中的交际礼仪是指正式公关交际活动中常用的礼仪，即正式交际礼仪。它主要包括宴会礼仪、晚会礼仪、舞会礼仪和开业、剪彩等庆典礼仪。关于这些礼仪将在后面的专门章节中进行论述，这里只做简要的介绍。

(1) 宴会礼仪。设宴招待来宾，是公关交际活动中常用的一种交际形式。公关交际活动中常用的交际形式有宴会、招待会、

茶会、工作餐等。日常交往中常有家宴、便宴等。

(2) 晚会礼仪。晚会礼仪是社交活动中，如为庆祝节日或有重大意义的纪念日而举行的娱乐性活动等，运用的一种交际形式。举办晚会对于联络感情、加深友谊、扩大社交范围是很有益的。

(3) 舞会礼仪。舞会礼仪是在种种舞会活动中必须遵循的礼节，它也是社交活动的一种交际形式。它的形式活泼，气氛融洽，格调高雅，宜在节庆日、周末和生日、婚礼等喜庆活动中使用。

(4) 开业、剪彩等庆典礼仪。开业典礼是指企业或服务行业开张时举行的仪式。剪彩礼仪是指重大工程竣工或开业典礼等庆典运用的交际形式。

二、交际礼仪的特点

交际礼仪的特点是由交际礼仪的性质决定的。由于交际礼仪是人们交际所必须遵循的礼貌行为规范，这就决定了交际礼仪应当具有如下特点。

1. 交际礼仪行为的规范性

规范性是交际礼仪的本质特点。人们应该怎样做，而不应该怎样做；怎样做是对的，怎样做是错的。对此，交际礼仪都有明确的规定。

交际礼仪的规范性主要表现在以下几个方面：

(1) 语言的规范性。人们无论谈论什么事都要运用礼貌语言。例如，人们见面时相互问候，告别时说声“再见”，以及在交谈中双方所使用的都是比较规范的礼貌语言。

(2) 行为的规范性。在公关礼仪活动中，人们究竟应该怎样施礼有一定的规范。例如，人们见面时以握手等行为表示问候，告别时用握手、挥手表示再见。关系特别的还可能会以拥抱、亲吻表示问候和告别。甚至对怎样握手、拥抱等都有严格的规定。

2. 交际礼仪范围的普遍性

交际礼仪既然是人们交际必须遵守的规范和法则，那么它的形成和发展就具有一定的历史背景。从古到今，礼仪自始至终贯穿于人们的一切交际活动中，并且普遍被人们所接受和确认。交际礼仪的普遍性主要包括两个方面的内容。

（1）从纵向来看交际礼仪的普遍性。中国是礼仪之邦，礼仪这种形式伴随着人类社会的发展而不断发展。礼仪不仅贯穿于人类社会发展的全过程，而且贯穿于某一活动过程的始终。

（2）从横向来看交际礼仪的普遍性。礼仪不仅在一个地区、一个部门，而且在全世界范围内都被人们所确认。但由于地区、民族的风俗习惯不同，礼仪的表现形式也有所区别。但无论哪种形式的礼仪，就其基本特点来说都是相同的。

3. 交际礼仪形式的多样性

交际礼仪的种类繁多，表现形式也多种多样。日常交际活动中使用的礼仪有鞠躬礼、握手礼、亲吻礼、拥抱礼等多种形式，正式交际场合中的礼仪更是多种多样，礼仪的要求也更为严格。形成交际礼仪形式多样性的原因也是多方面的。

（1）各国历史发展的背景不同是形成交际礼仪形式多样性的基本原因。由于社会制度上的差异，西方各国的交际礼仪有明显的不平等性；我国解放后，人民当家做了主人，人们相互之间施礼是平等的，没有什么等级之分。

（2）各地区、各民族风俗习惯的不同是形成交际礼仪形式多样性的主要原因。不同地区、不同民族由于所处的环境不同，长期形成的风俗习惯不同，礼仪的表现形式也就不同。比如，我国汉族一般向客人献上一束花，以表示尊重；而藏族则献上哈达以表示敬意。

4. 交际礼仪的情境性

交际礼仪的情境性是指人们在公关交际活动中施礼必须创造一种符合礼仪要求的气氛、环境以及交际的组织形式。这一特点要求人们对礼节的运用必须自然、恰到好处。该在什么时候施礼，施什么样的礼，都要因人、因时、因地而宜，否则不仅不能达到增进感情、交流思想的目的，还可能影响公关交际活动的顺利进行。

三、交际礼仪的作用

交际礼仪随着公共关系的不断发展而越来越被人们所重视。特别是近几年，交际礼仪这门学科使人们感到新鲜，这与交际礼仪在实际公关交际活动中的作用是分不开的。从总体上说，交际礼仪的作用可以概括为：增进了解，沟通思想，协调人际关系，促进公关活动的顺利进行。其具体表现在以下几个方面：

1. 交际礼仪是人们沟通思想的桥梁

生活实践告诉人们，没有现代交通和现代通信，就没有现代化；没有沟通，同样也没有现代化。可见，社会需要交际礼仪，人类需要沟通。沟通交际是礼仪的首要功能，也是交际礼仪的首要目的。

美国某大学曾对 10 000 人的案例记录作过分析，发现“智慧”“专门技巧”和“经验”只占成功因素的 15%，其余 85%决定于良好的人际关系。心理学家们认为，一个人除了睡眠之外，其余时间的 70%要花在人际间多种直接或间接的沟通上。没有沟通，人们之间的一切联系将不复存在。

从现实来看，人际间客观存在着需要沟通的欲望，为此，必须借助于礼仪这种形式。可以说，交际礼仪是沟通的形式，沟通是交际礼仪这种形式的具体反映。人与人之间的交往是互动的，沟通就是在对交际行为意义的理解和分析的基础上发生的互动，人们不仅交换物质，而且交换精神。交际礼仪的桥梁作用也正表现在这些方面。

2. 交际礼仪是个体与群体的协调器

每个人都是社会舞台上的演员，既要演好自己的戏，又要善于与其他角色协调配合，人们在交往过程中，需要以礼仪这种交际手段来不断调节，按一定的规范协调人际关系。

人，既是个体的人，也是社会的人。我中有你，你中有我，这是人类的显著特点，是通过交际礼仪调节人际关系的出发点。

公共关系的发展，靠个体彼此之间的协调，也靠个体与群体之间的协调，这样才能使你、我、他融合在一起，形成一个社交整体，从而在各自的位置上推动社会前进。

交际礼仪能使陌生人相识乃至相知，能使相识相知的人更进一步地加深情谊。

人在社会中生活，需求是多种多样的，既有包括物质在内的基本需求，也有包括精神在内的高层次需求，而满足人们的这些需求，作为桥梁和协调器的交际礼仪发挥了显著的作用。因此，在实际工作中，我们应特别注意交际礼仪的运用，并通过它来促进本人或本组织的发展，树立良好的形象。

四、学习交际礼仪的意义

交际礼仪实践活动相当丰富，因此，作为一门实践性很强的学科，交际礼仪还有待于我们从实践中去不断总结，不断完善，从交际礼仪的实践活动出发来把握交际礼仪的规律。

一个公关人员如果只懂管理、经营，而不懂公关交际的基本礼仪，就不能很好地履行工作职责。所以，只有学好交际礼仪，才能使公关工作更为出色。

交际礼仪是社会文明的标志，不单是公关人员，全社会都要讲究交际礼仪，这对于净化社会空气、建设精神文明有着重大的作用。

学习交际礼仪有助于提高自身的素质和修养。公关人员的工作，并不是一般人所理解的陪酒、陪舞等简单工作，而是通过一系列公关交际来促进人际间的合作，增强本组织的知名度和透明度，以树立良好的组织形象。公关人员交际礼仪的运用是否恰到好处，是公关人员素质的具体体现。

此外，学习交际礼仪也是组织发展的需要。公关人员的工作任务繁重，随时随地要和各种各样的人员、团体来往，既要尊重对方的权益，又要维护本身的权益，这中间是无法离开交际礼仪的。因此，认真学习和正确运用交际礼仪，就成了公关人员的一项重要任务。

习　题

1. 什么是交际礼仪？礼仪与礼节有什么区别？
2. 交际礼仪可以分哪几类？
3. 交际礼仪有哪些特点？
4. 交际礼仪有哪些实际作用？
5. 我们为什么要学习交际礼仪？

第二章　公关人员的礼仪素质

礼仪是表达对别人的尊重和友情的重要交际手段。它既是交际活动的重要内容，又是道德文化的一种外在表现形式。

素质是一个人的性格、气质、兴趣、风度、学识和能力等方面的综合表现。公关人员应具备良好的礼仪素质和修养。

第一节　公关人员的仪表规范

为了给人以良好的第一印象，从事公关工作的人，应该衣冠整洁、相貌端庄、仪表大方。

公关人员要与大量的各色公众打交道，注意仪表非常重要。仪表是一个人的外部形象，包括面容、体态、服饰、姿态、风度和举止等内容。在公关活动中，交往的技巧和能力固然重要，但保持良好的仪表修饰也同样重要。对公关人员仪表方面的基本要求如下。

一、公关人员的形象

公关人员在个人形象方面给对方造成的印象，不仅使对方产生对个人的喜恶，而且还影响到对整个组织的评价。日本松下电器公司的创始人之一松下幸之助在日记中写道，一次他在理发时，有位理发师毫不客气地批评他太不重视自己的仪表："你是公司的代表，都这样不重衣冠，别人会怎么想？连人都这样邋遢，你公司的产品还会好吗？"松下幸之助觉得言之有理，从此就重视起仪表来。

公关人员经常负责接待工作，进出于交际场合，与公众直接打交道，因此，公关人员的仪表对组织形象的影响很大，在公关活动中，人们认识他人的第一印象总是从仪表开始的。心理学研究表明，人际交往中存在着"魅力效应"，而仪表对一个人的魅力的形成有着重要作用。具体来说，公关人员在形象上应注意以下几点。

1. 表情

在人体各部位中，最富于表情的莫过于面部，而面部又以眼睛为主，俗话说："眼睛是心灵的窗户。"眼神要自然亲切。面对客人谈话时，目光平视，表示尊重、坦率、诚恳。不要扫视对方，或左顾右盼，不要目光旁视，心不在焉，这样会使对方感到不被尊重。同时，在与公众交往中，"微笑"也有着重要的作用，它是打动人们心弦的最好语言。

心理学家通过大量的实验，总结出人际交往的感情表达公式，即：

感情表达＝语言(7％)＋声音(38％)＋表情(55％)

可见，表情在人们交际中的地位是非常高的。

2. 姿态

在现代社会中，有不少人只追求外貌美、形体美，而忽视了更为重要的姿态美。在生活中，我们常常见到相貌、形体皆为上乘的青年男女，他们西装革履，浓妆艳抹，但不雅的举止将其精心修饰的美貌抵消殆尽。

优美的动作姿态包括良好的站姿、坐姿、行姿、手势等。

站姿。公关人员的站姿要自然挺直，目光平视，面部与身体平行。两腿微微叉开，胳膊自然垂下，两手叠在脐前。站立时不要叉腰，不要让腿或手靠着柱子或墙面，不可双手背后或把手插在衣、裤口袋里，不能搓脸、拨弄头发等。

坐姿。身体要挺直，两膝自然合拢。双手自然地放在膝上，坐着谈话时，腿不可跷起（或跷二郎腿）。

行姿。步法要轻盈、平稳、自然。双目平视，不要左顾右盼、低头或仰视，不要左右摇晃。男士的步态要反映男人的刚健、有力、英武，给人以“动”的壮美感。女士的步态要体现女性的温柔、轻盈、典雅，给人以“静”的优美感。切忌两点：一忌女性步态男性化或男性步态女性化；二忌走步时不入神或做出怪姿，如撑腰背手，双手插入口袋，边走边吃，数人勾肩搭背等，这些都是不雅之举。

手势。手势是一种辅助性的交际动作，适度的手势会在交际中产生锦上添花的效果。一般认为，掌心向上表示诚恳，在介绍、引路、指方向时都应掌心向上，上体稍稍前倾，以示敬重。在与客人谈话时，忌用一根手指指指点点。手势幅度不宜过大，频率不宜过快，否则会给人以画蛇添足、轻狂粗鲁之感。

3. 声音

公关人员要与公众进行大量的语言交际，声音美起着至关重要的作用。清晰的吐字，适度的语速，和谐的节奏可把整个思想感情自然地表达出来。公关人员若是以自然、圆润、悦耳的语音，随着内容变化而变化的声调说话，时而温和平静，时而慷慨激昂，时而娓娓动听，时而笑声朗朗，会使公众在其诱人动听的表述中流连忘返，双方交往也会因此更加密切。

4. 发式

发式是仪表的重要组成部分，是自然美和修饰美与人体的结合。俗话说“红花好看，需要绿叶衬”，再好的脸形、身段，也要有合适的发式衬托。

发式要根据脸形选择，人的脸形有多种形状，椭圆形较为完美，其他脸形皆需要用适当的发式来修饰。如脸形呈方形的女士可用双花式卷发遮去两侧过宽的额角，若是长脸则可用刘海遮去际线高的部分。体形较为矮胖的可以梳盘辫或挽发髻，给人以增长脖颈和增加身高的视觉效果。若是脖颈又细又长，则应选择披肩发式。男性公关人员的头发两侧不宜过耳，不能留大鬓角。后面的头发不能长及衣领，不留长发或蓬松发，也不宜用重味发胶。

二、气质和风度

1. 气质

美丽的容貌给人带来的愉悦心情和美的享受只是暂时的，因为，它逃脱不了岁月的流逝这一自然法则的制约，而且容貌需要气质美作为后盾。一个人要保持的持久的、高贵的美莫过于气质美。气质美不受年龄、环境的限制，能使人“风韵犹存”，展现出迷人的魅力和高贵典雅的风采。

（1）气质的类型。气质是指人相对稳定的个性特点、风格和气度，是人的心理行为所表现出来的动力特征。通俗地说，人所具有的气质，就是平常人们所说的脾气或秉性。心理学家把人的气质分为四种类型，即胆汁质、多血质、黏液质和抑郁质。

胆汁质的人大多精力旺盛，热情直爽，心境变化剧烈，易冲动，脾气暴躁，反应速度快，但往往粗枝大叶，具有明显的外倾性格。

多血质的人大多活泼好动、热诚、敏感、行动敏捷、情感丰富而外露，善于适应环境，但又易于轻举妄动，做事缺乏耐性。

黏液质的人大多沉着稳重，情感呆板而持久，有时表现为迟钝、冷淡、寡言少语，但耐性较强，感情含蓄、不外露，具有明显的内倾性格。

抑郁质的人大多多愁善感，感情脆弱，处处认真细致，但性情孤僻、忧郁，情绪持久而深刻，内心体验细致而不外露，感情变化难以觉察。

气质这一概念已逐渐成为衡量一个公关人员素质的尺度之一。

(2) 气质的培养。公关人员首先要坚信自我气质是可以培养造就的。其次要充分认识自我气质的类型，深刻分析自我气质的特性，发展积极的品质，限制消极的品质，扬长避短，择优互补，以完善和优化自身的气质。

公关人员的气质美还需要在文雅情趣的建立、文明举止的培养，特别是文化素养的提高上多下工夫。实践证明，一个人的文化素质越高，就越容易观察并吸收各类气质的长处，用来丰富和美化自我。这样，在这个人身上就会集中显现出各种气质的优点，从而使气质美的特征更为突出，更为丰满。这样的公关人员在和他人交际时，必然展现出迷人的魅力和高贵典雅的风采，并具有更强的交际吸引力。

2. 风度

（1）风度的概念。风度是一个人的外在与内在、形象与精神和谐统一的心理反映，是人的身段、步态、眼神、表情、言谈、举止、着装打扮、气质性格、涵养品德、风格风貌的总和，是精神状态、形貌举止、文化修养的集中表现。

（2）公关人员的风度。公关人员必须具有丰富渊博的学识、温文尔雅的谈吐、热情开朗的性格、广阔豁达的胸怀、潇洒自如的举止和彬彬有礼的态度。同时，还应具有高尚的品德，文明的作风，以及广泛的兴趣和爱好，出色的交际能力和应变能力。

公关人员在交际中应努力树立多情而不轻浮、端庄而不呆板、稳重而不迟钝、洒脱而不做作的交际形象。同时，还应踏实、坚强、活泼、敏感。这样的公关人员身上才会蕴藏着一股磁铁般的人际吸引力，深得公众的青睐，从而使他们与公众的关系趋于稳定和亲密。这就是一名优秀的公关人员所应具备的良好风度。

三、服饰和化妆

服饰在交际礼仪活动中的作用是不容忽视的。服饰一般包括服装、领带、帽子、手提包、项链等。交际礼仪，仅仅限于行为的彬彬有礼是远远不够的，还要讲究服饰礼仪，在不同的场合着以不同的服饰，会给人留下良好的印象。服装能够反映出人的内在追求、风貌、风度、气质。公关人员经常代表组织出席各种交际场合，与各界人士交往，所以，穿着和佩饰将直接影响其所在的组织的形象。

1. 服饰

服饰指服装的款式，俗话说“人看衣衫，马看鞍”，对于交际广泛的公关人员，如果能配以款式得体的服装，则显得高雅文明。反之，穿着马虎，衣冠不整，就会使人产生反感。

在国际社交场合中，服装大致可分为便服和礼服两种。在正式、庄严的场合应多着深色礼服，一般场合可穿便服。我国男士通常将上下同色、质地优良的毛料中山服或西服用作礼服，配黑色皮鞋；便服则为各种式样的上衣与西裤，配以颜色相称的皮鞋。无论何种款式的衣服都要保持朴素、大方、整洁、美观。对于不同款式的服装，穿着时有不同的要求，在不同的交际场合应选择与之相应的服装。

(1) 西装。西装造型优美，做工讲究。女士穿上线条优雅柔和，男士穿上风流倜傥。西装实用性强，适于各种场合，且四季皆宜，因此，深受广大消费者的欢迎。

西装可分为三个流派：美国型、欧洲型和英国型。美国型的特点在于重视功能性，肩部不用过高垫肩，胸部也不过分收紧，形态自然、工整，大多使用针织或纺织面料。欧洲型则重视优雅性，肩部垫得很高，胸部也较宽，多使用较厚的面料，通常为全里衬。英国型与欧洲型相似，但肩部与胸部不那么突出，穿起来有一种绅士派头。

穿西装时，西装的领子应紧贴衬衣并低于衬衣领 1.2 厘米，西装袖子的长度以达到手腕为宜，衬衣袖长应比西装上袖长 1～2.5 厘米，以衬托出西装的美观。胸围以穿一件薄毛衣感到松紧适中为宜。西装上衣两侧的两个口袋只作装饰用，不可装物，上衣胸部的衣袋仅供插入折叠好的花式手帕，随身携带的细软物品可以装在西装上衣内侧的衣袋里。裤袋也和上衣两侧的两个口袋一样，不可装物，以求臀围合适，裤形美观。衬衣的下摆应塞在裤内，袖口不应卷起，若不佩戴领带，可以不扣领扣，但袖口无论在哪种情况下都应扣好。在交际场合，西装的色彩宜深，男士穿着西装时，衬衣不宜过于花哨，而且不要穿暴露脚趾和后跟的鞋。西装要整齐、笔挺、平滑，不能皱皱巴巴，染有异味，不穿时，应用专门的配套衣架自然垂挂。

西装上装有单排扣和双排扣两种。穿双排扣上装时，可将所有纽扣都扣上，也可以不扣最下一颗。单排纽扣不能全部扣上，如果是两颗，则扣上扣，如果三颗，则不扣下扣，也可都不扣。

（2）服装的选择。人们的体形千差万别，所以，同一件服装在不同体形的人身上，效果是截然不同的。公关人员应掌握一些服装造型的知识，根据自己的身材选择适当的服装。

身材高而瘦的人，应选用面料稍厚一点的服装，这样会显得比较丰满、精神，而且要避免颜色深暗的收缩色。

身材肥胖者，服装的面料不能太厚或者太薄，应选用厚薄适中、柔轻而挺括的面料，忌穿太花、横条纹、大方格图案的服装，否则，体形会显得更加横、宽。对身材肥胖的女士，不应选用皱褶的面料做衣服，而且不宜穿无袖短衫或连衣裙，最好不穿百褶裙、喇叭裙，宜穿西服裙。

（3）不同场合应着不同服装。穿衣服必须注意场合，否则，即使是很美的服装，也会因其场合不适而大为逊色，甚至使人反感。

如今女式服装极为丰富，款式也在不断更新。公关人员选择交际服装时应根据活动的内容、参加的对象、现场的置景等因素加以确定。例如，可按季节与活动性质的不同穿西装（下身为西裤或西裙）、民族服装、中式上装配裙子或长裤、旗袍、连衣裙等，夏季可以穿短袖衫配裙子或长裤。例如，参加晚会或朋友聚会，着装应在美观的前提下尽可能自然，不刺眼；参加正式宴会，着装应十分庄重，避免轻佻。

在公共场合不能穿针织内衣、紧身内身或睡衣、睡袍。女士穿下摆窄或长度在膝盖以上的短裙时，切忌在人前跷腿。

（4）服装色彩的搭配。服装色彩的适当搭配，能使人通过错觉而产生美感。如浅色有扩张作用，能使人显得胖；而深色有收缩作用，能使人显得瘦。

服装色彩与肤色也有关系，如黄皮肤的人应避免蓝紫、朱红等颜色，因为这类颜色与皮肤的对比度强，会使皮肤显得更黄。皮肤黑的人不宜选用黑、深褐、大红等颜色；脸色红的人应避免绿色，而白色的服装几乎适合于任何人。

没有不美的颜色，只有不美的搭配，服装色彩的搭配是有一定审美要求的。所以，公关人员在选择服装颜色时，应根据自身的特点加以选择。色彩和谐的服装能使公关人员在公众面前展现出自己的心理追求和精神风貌。

（5）衬衫和领带。衬衫和领带的色彩协调将给人以美感。一般来说，白色的、浅色的条纹或方格面料的衬衫适合配穿西装。穿着粗花呢或随便一些的外套，衬衫花纹可以粗犷一些。正式场合要求系好领带，而非正式场合不系领带也不算失礼。穿西装一定要佩戴领带，因为领带是西装的一个组成部分，对西装的美观起着重要的点缀作用。凡穿硬领衬衣参加正式活动，必须系好领带。穿针织套头高领衫或翻领衫不宜系领带。

领带是西装的重要组成部分，花色品种很多，需要与颜色相宜的西服配套，而且还需要合理选择衬衣。如上衣为鲜艳的格呢，领带就应避免条纹或大花，以纯粹的小花图案为宜；如上衣是粗格呢，领带的颜色则应与格子图案的某一种色调和谐。一般来讲，有图案的领带宜配素色无花纹的衬衣。

目前使用较多的是条纹领带，条纹领带分为英式和美式两种，英式领带的条纹走向从右上斜到左下，美式领带的条纹走向从左上斜到右下，两式条纹组织正好相反，佩戴时应与西装相配，即英式西装配英式领带，美式西装配美式领带。领带的长度一般为 130～150 厘米，系好后大箭头垂到裤腰处为最佳。

（6）鞋袜的选择。一般来说，鞋子的颜色应该与衣服的颜色相衬，一般场合应着素雅端庄、体面大方的黑色皮鞋。穿花哨衣服时不宜穿黑鞋子。出席寿婚葬祭时，即使外衣和领带可以从略，但鞋子也不能是茶棕色的，而应是黑色的，这是我国社交的一种礼节。

袜子具有衔接裤子和鞋子的作用，应与裤、鞋协调。黑色皮鞋应配深色袜子。稳重的西装长裤和明亮的黑色鞋子，如果配上不协调的、颜色花哨的袜子或有花纹的袜子，就会使人产生杂乱、失调的感觉。男士为避免在坐下时露出腿毛，应穿黑色或深蓝色的不透明中长筒袜。女士袜子的色彩可适度鲜艳，若参加庄重的社交活动应穿素色的长筒袜，避免露出腿部肌肤，而且夏天不可光脚穿凉鞋。

2. 饰物

（1）珠宝饰物的佩戴。珠宝饰物是指用金银、珍珠、宝石制作的项链、耳环、戒指、手镯等装饰品，饰物对女性公关人员来说显得尤为重要。它可使人展现出高雅、华贵的风姿，只要适合自己的身份和活动场所的要求，均有助于赢得公众的好感。

公关人员的佩饰应有严格的要求，因为他（她）们不仅代表自已，而且事关整个组织形象。其要求为大方、得体，雅而不俗，还要特别注意社交场合和交际对象。一般以不超过交际对象的现时外观水平为宜。过于华丽、昂贵的珠宝饰物易使对方产生相对寒酸的自卑感，严格来说，这也是不符合交际礼仪要求的。

（2）其他饰物。用得体的饰物去搭配一身入时的服装，能起到画龙点睛的作用，如帽子、围巾、手帕、腰带、胸饰、眼镜、手提包等。

围巾和帽子对服装的整体影响很大，在冬季用其点缀色彩尤为重要。如果衣服颜色较暗淡，则围巾和帽子的颜色可鲜艳一些。若衣服颜色较鲜艳，佩戴的围巾与帽子则应素雅一些。男士在任何时候都不应在室内戴手套和帽子。

手提包一般需要与服装配套，同时还要根据季节选择，如夏季拎包应小巧，显得轻松爽快。

手帕也是装饰物。在西装左胸上口袋里插上一定形状的手帕，可给人平添许多风采。

眼镜有平光的、带色的，多种多样。若选用适当的眼镜，既能保护眼镜，又能使人看上去风度翩翩。室内不能戴有色眼睛，即使在室外，遇到隆重仪式或迎送等礼仪性场合，也不应佩戴墨镜。

3. 化妆

有人说：“漂亮的外貌是一张特别通行证。”这话虽不完全正确，但公关人员若保持漂亮的容貌，在人际交往中就会被公众喜欢，这将有利于公关活动的顺利开展。

（1）美容的意义。天生丽质的人毕竟是少数，而且岁月不饶人。俗话说“三分容貌、七分打扮”，自然美给人以朴素、纯真的美感，而美容美却有锦上添花的魅力。美容不仅是涂脂抹粉，更重要的是艺术造型。美容首先应符合自己的身份、年龄和职业，其次应根据自己的性格、气质以及交际场合来选择科学的美容方法。

（2）美容的规格和要求。出席肃穆、庄重的礼仪场合以不化妆为宜，若是轻松、愉快的交际场合，浓淡皆宜。在技巧上应注意化妆必须和自己的脸形、五官相适宜。需要特别提及的是，公关人员在公众场合，化妆以淡妆为宜。

女性的化妆，目的是给人以健康、漂亮的印象。虽然从事公关工作的女性，其行业、年龄各不相同，但均需注意以下几点：

• 粉底霜　洗脸后在脸上抹一种比自己肤色稍浅的粉底霜，增加光泽。

• 眼睛　涂抹一层薄薄的眼影，一般以灰色较好，若戴眼镜，可以稍浓一些。一般情况下，不必画眼线。

• 嘴唇　年轻人宜用颜色较鲜艳的口红，随着年龄的增长，颜色宜改用浅色系列或褐色系列。

• 颜色的配合　整个人的化妆与衣饰装扮颜色要协调。一般来说，若眼部化妆是蓝色系列，口红应用粉红色；若眼部化妆用绿色或褐色系列，则用橙色口红。日间化妆淡雅为宜，夜间可稍浓艳。

• 香水　用香水时一般不应把它直接涂在肌肤上，香水用量不能过多，幽幽清香为佳。

对男性公关人员来说，应经常修面，剪鼻毛，整理发式，给人一种潇洒雄健、健康向上的感觉。

在所有的美容中，清洁是最基本的要求。公关人员要和各类公众打交道，个人清洁就显得格外重要，它是公关人员交际形象美的起点和基础。因此，公关人员应勤洗澡，勤换衣，要养成工作前不食用葱蒜、韭菜等有强烈刺激性气味的食品，用餐后要漱口、刷牙，防止口臭。

第二节　公关人员的能力

当今的世界是一个开放的世界，当今的中国也是一个开放的中国。开放型的社会生活必将促进人与人之间的联系与交往。作为公关人员，这种联系与交往更加频繁。公关人员以整个社会作为自己的活动舞台，要求具备的素质是多方面的。良好的能力素质必不可少，这是由公关工作的特点决定的。一般来说，公关人员应当具备以下几个方面的能力。

一、语言表达能力

语言是人类交际的工具，人们要表达思想、传递感情、交换信息，彼此增进了解和友谊，都离不开语言。随着人类社会的不断进步，人们的社会交往日益频繁，扩大了原有的接触范围，语言在交际中所起的作用越来越大，也越来越明显。因此，在社会交际中如何使用语言，也就成为公关人员必须了解和掌握的一门技术。

2003 年某心理学家应邀去某市向服刑人员演讲，一开始便遇到一个如何称呼的问题。他想，称呼同志吧，可对方是服刑人员；称呼犯人吧，又会引起对方的反感。斟酌再三，最后选择的称呼是“触犯了国家法律的年轻朋友们”。话一脱口，立即引起了全体服刑人员的热烈鼓掌，有的甚至当场掉下了眼泪。从社会交际学的角度看，这种良好的表达效果是通过对语言形式的精心选择取得的。

那么，公关人员在交际中应如何掌握语言技巧，应该掌握哪些语言技巧呢?

1. 合理选择话题

在交际场合交谈时，应选择大家都可介入、都方便发表意见的话题，不要只谈个别人知道的事而冷落了其他人。

谈话时，不要涉及令人不愉快的内容，也不要谈论他人的隐私。在交际场合，不宜用批评的语气谈论在场者或其他相关的人。

若在交谈中遇到了不便谈论的话题，不要轻易表态，应适当转移话题以缓和气氛。如出言不慎，引起了对方反感，应及时表示歉意。

此外，还应注意，在交谈中选择什么样的话题，采用什么样的口吻，应当因人而异。比如，对不是同行的人，大谈本职业务和专业知识，是很难交流的；和艺术家大谈经商之道，也难以引起对方的兴趣。因此，在交谈中，要考虑对方的行业习惯、思想水平、文化素质、生活阅历、个性特点等。谈话要讲究效果，善于用不同的语言形式恰到好处地表达自己的思想感情。

在与女士谈话时，更要宽容、谦让、尊重。

2. 注意选择词句

公关人员在讲话时，尤其要注意合理选择词句。意思差不多的话，会有好几种说法，可以增减几个字，还可以更换几个字。这样一来，在语气和意义上就会发生很大的差别，给对方不同的感受，以致产生不同的效果。例如，引领某客人到某一地方，说“请到这边来”或“请往那边走”时，就会使对方有一种被尊重的感觉。如果把前面的“请”字去掉，便成为“到这边来”或“往那边走”，这样就变成了毫不客气的命令语气，令人难以接受。若在前面加上“请您”两个字，变为“请您到这边来”或“请您往那边走”时，就会造成一种亲切、友好的气氛，听起来特别悦耳、舒服，从而获得调动对方、加深感情的交际效果。

此外，在交际礼仪上，公关人员还应注意选择客气用语，如以“用饭”代替“吃饭”，以“几位”代替“几个人”，以“贵姓”代替“姓什么”等。前者有尊重对方的意思，使客人满意；后者显得粗俗无礼，易使客人不高兴。

对有些忌讳语，要留心用词。例如，正常人死了，不能用“死”字，应该说“病故”或“逝世”。又如，在交际场合，大家正在高兴地谈论，突然有人说“臭得很”，就倒人胃口，而如果说“有异味”或“气味很重”，就比较文雅。在一般场合，人们不一定计较或挑剔，但是，公关人员在公关活动中一定要时时注意选择词句。

3. 注意语言音调的运用

公关人员在与公众交谈时，说话应该声调温和、字音清晰，正确地表达语意。因为，同样一句话，声音的高亢或低沉，语调的升降，都会影响表达，给人以不同的感受。声调太高，显得粗暴、生硬；声调太低，使人听不清楚；若声调无故短促或延长，会使人认为是厌烦和鄙视。因此，要避免用过高或过低的声音说话，一般来说，能使对方听清楚就行了。例如，“对不起”本来是一句道歉的客气话，但如果用不恰当的声调来说，就会变成不耐烦或含有威胁报复的气话。又如，当有客人来访时，如果主人正在忙，应用声调平稳的语气说“请稍等一下，我马上就来”，这是一种有礼貌的接待方式。如果用降调拖长说，或前一句高，后一句低，就会给人一种被冷落的感觉。

4. 注意语气的正确表达

公关人员应运用商量和征求意见的方式同对方谈话，切忌简单发问或直接表述。例如，没听清对方的问话时应说“对不起，我没听清楚，请您讲慢一点”，这样要比瞪着眼、皱着眉说“你说什么”或“再说一遍”的效果好得多。在与客人交谈时，语气应亲切、友好、婉转、文雅，而且要注意分寸，避免粗重或轻佻。同时，语言表达要简练、明确、言之有理。

二、应变能力

公关人员的应变能力是指他们在遇到一些突发性事件或问题时表现出来的协调能力和处理能力。

公共关系的一大特点就是多变，因而对公关人员来说，要具备较强的应变能力也就成为公关工作的基本要求之一。

公关人员的应变能力要求包括如下内容。

1. 遇事不慌，沉着镇静

当遇到突如其来的事情或问题时，要保持镇静，从容不迫，不要惊慌失措，迅速地确定处理问题的对策。

2. 思维要敏捷

即能够迅速地想出解决问题的方法。应变不应是被动的，而应是主动的，防患于未然。一旦发生意外事件，就要根据发生事件的性质、特点、影响、趋势，立即找出解决的方法，及时应变，化险为夷。在突发事件面前，既要保证公关人员本身的安全，又要使自己的工作对象——公众不受到伤害，始终与公众处于良好的关系状态。例如，王光英在飞赴香港创办光大实业公司时，一下飞机就被一位女记者拦住，该女记者问道："你带了多少钱来?"王光英考虑到若把这位女记者的话直接顶回去，会使记者们不满，如果如实回答，又不便于做生意。于是，他笑着答道："随便问女士的岁数是不礼貌的，向男士问钱数恐怕也不合适吧？小姐，您说对吗?"王光英凭借自己丰富的知识和阅历，巧妙地运用了社交界的既有习俗回避了女记者的提问。

3. 机智幽默

机智幽默是交际上的润滑剂，灵活运用它，能够较好地处理交际中可能出现的各种难以处理的问题，以缓和紧张局面，使双方交际变得轻松、愉快。

4. 忍耐性要强

有些突发事件会使公关人员感到委屈，在这种情况下，公关人员不应急躁，而应有较强的驾驭能力和克制能力，做好耐心、细致的说明和解释工作，有条不紊地冷静处理突发事件。

三、观察能力

公关人员的观察能力是指在公共关系理论的指导下，对周围的人和事从公共关系角度上予以审视、分析、判断的能力。

公关交往活动的主要目的是建立关系、培植友情、搜集信息、化解矛盾、寻求理解和支持。为了更好地实现交往目的，公关人员必须不断地提高自己的观察能力。

公关人员的观察能力可以从以下几个方面反映出来。

1. 积极倾听和适时反应

公关人员在交际中要注意倾听对方的谈话，并适时做出恰当的反应，这样就表示了其对他人的注意和尊重，同时也显示了自己的教养和礼貌。这样能赢得对方的好感，也能更好地了解对方的交往意图。若对别人的谈话心不在焉，会使对方感到大失所望或不满。如美国的一位著名推销员乔治·吉拉德谈道，一次一位名人向乔治买车，乔治就向他推荐一种新车，眼看就要成交了，可对方突然不买了。事后一了解，发现原因在于对方向乔治提起自己引以为荣的儿子时，乔治一时疏忽，与另一名推销员讲话去了，结果触怒了他。可见，公关人员在交往中认真倾听、适时反应是非常必要的。

2. 察言观色，分析对方未说出的真情

在交际中，对于某些话，人们常常会碍于情面或因其他原因而不能说出，难以表达自己的真实意图。公关人员应通过察言观色，从人的体态、表情、动作所反映出来的信息中发现对方闪烁其词或经常重复的话题，准确洞悉对方的真实意图和真实情况，做出正确的判断和决策。

3. 从公共关系角度对周围的人或事进行判断

公关人员应能对周围的人或事给组织的公共关系带来的可能影响作出分析、判断。

例如，上海对外经济贸易委员会（简称上海外经贸委）的同志注意到，来上海投资的外国专家和商人们的家属由于生活不习惯而常常感到寂寞。她们的这种情绪必将影响他们的丈夫，不利于吸收外商投资，而上海要发展，又需要引进这些外资，这就要求上海方面必须给他们的生活提供一切方便，让他们安下心来。于是，上海外经贸委提议为外国专家和商人们的家属筹办一个"太太沙龙"，为外籍客商的太太们提供交际场所。事实证明，这一做法很受外国人的欢迎。筹办“太太沙龙”反映了上海外经贸委的工作人员较强的观察能力。可见，公关人员观察能力的强弱对于公关工作是至关重要的。

四、组织能力

公关人员除了需要有较强的交际、表达、应变、观察能力外，还应有较强的组织能力。

组织能力是指公关人员在从事公关活动过程中的计划、组织、安排、协调等方面的活动能力。

1. 组织活动的作用

公共关系计划的实施，常常需要通过组织各种具体的公关活动来进行。这些活动有些是在小规模、小范围内进行的，也有些是在相当大的规模上进行的，如庆典、重大接待、集会和各种会议等。每一项活动的主持人都是一位组织领导者。公关人员对于不同的公关活动和不同的对象应给予恰当的礼仪接待。因此，是否具有组织领导方面的能力对能否搞好公关工作也是至关重要的。

公关人员在参加集会或处理某项对外事务中，除了应有能言善辩的口才、灵活机动的应变能力与周密的思考能力和观察能力外，还要依靠自己的组织能力使整个活动都能有条不紊地进行，使参加的每个人都能心情舒畅，深感自己受到重视，使之对活动、对组织者留下深刻的印象，从而在公众中树立本团体的品牌。

2. 组织活动的基本方法

（1）活动的筹备工作。公关人员在制定计划时应确定时间、地点和参与人员，考虑多数人的便利等问题，根据该活动日期的缓急、距离的远近，事先通知出席的人员和来宾。

若是大规模集会要举行仪式，应悬挂各参加单位的标志。从大门至会场途中，均应设置指示，并应酌情安排好出席人员的座位。

在组织公关活动前，要明确活动所要达到的目标，并使这一活动目标为组织活动参与者所共知。在组织活动的过程中，要注意节省人力、物力、财力和时间，提高组织工作效率和公关工作效率。

（2）掌握好活动的中心主题。例如，在主持会议时，公关人员要维护会议秩序，按职务、主宾次序安排发言次序，控制活动时间，掌握好会场气氛，引导议论中心问题，循序将议案提交表决，答复一切对有关活动的询问，使大家的看法趋于一致。同时，还要避免争执，使整个活动收到良好的效果。

（3）注意事项。在组织活动中，处理事务时要坚定谦和、公正超脱。对来宾恭请入场，如有致辞者，可在致辞前加以介绍，并在致辞后引导参加活动者鼓掌表示感谢或致简单的谢词。要保证公关活动的成功，就要将所有相关的问题考虑周全。公关人员不仅要重视大的方面，如活动的内容、形式，而且对一些细小的方面，如对公众的接待、环境布置、仪容仪表、穿着服饰等均应给以足够的重视，不要因为疏忽细节而破坏整体效果。所以，要组织好一个活动，就要根据活动的目的和要求，对工作尽可能考虑周详。

总之，公关人员必须提高自己的组织能力。此外，提高个人的影响力也很重要，个人影响力主要是指个人威信，而个人威信则来自于个人品格。个人品格主要是通过个人言行表现出来的道德、品行、人格、工作和生活作风等方面的素质。具有良好的品格修养，可以提升自身的人格魅力，使自己更具亲和力，这是顺利开展公关活动的重要条件。

第三节　公关人员素质的培养

一、公关人员素质培养的意义

要进行社会主义现代化建设，离不开公共关系，随着商品经济的迅猛发展，社会对公关人员的需求量越来越大，对他们公关素质的要求也日益提高。

公关职业的复杂性和工作的多面性决定了它对公关人员的高要求。公关人员远不像人们看到的表面现象那样，只要漂亮、会笑、有魅力就可以，而是需要在心理素质、工作能力和仪表修饰等方面有较高的修养。公关人员的礼仪素质尤为重要，因为公关人员的一举一动都反映着他们自身的文化素养和道德水准。得体的商谈、适宜的礼节将在对方心目中树立良好的形象，赢得对方的好感。

例如，处理某件事情，不能满足对方的要求时，如果能诚恳地说明不能满足的原因，也许会得到对方的理解和谅解。公关人员在千头万绪的工作中，难免出现失误，但发现失误后，若能及时地、有礼貌地向对方表示歉意，就有可能得到谅解，消除失误，从而维护自己的形象，否则，就会因为忽视了一个细小的礼节，而使即将成功的公共关系毁于一旦。

公共关系是人与人之间、人与各方面的关系。协调和处理各个方面的关系需要礼仪。对企业而言，任何企业总是同社会有着千丝万缕的联系，企业越大，关系越多，小企业也要重视协调关系，这就是“关系”在企业中的客观位置。关系对企业来说是至关重要的，而礼仪对关系来说又是必不可少的。完美周到的礼仪如同春风和美酒，在交际中起着重要的作用。它不但可以使企业与原来的客户保持良好的关系，发展友谊，还可以结交更多的新朋友，建立更广泛的新关系。

一个国家有其自身的风格，一个民族有其自身的习惯。在改革开放的今天，公关人员要面对四方来客，对不同的人要求用不同的礼节，同样一句话或同样一个礼节动作对不同的人会产生不同的效果。例如，同样一句话对年轻人可能无所谓，可对老者也许就会有伤害作用。又如，同样是打招呼，不同地区、不同民族有不同的方式。正是这些微小的差别，就要求公关人员要尽可能多地熟悉和掌握交际礼节，严格用各种各样符合多数人意愿、易被人接受的礼仪规范约束自己的言行，使自己在公众中树立良好的形象，为自己的组织尽可能赢得完美的信誉。

二、公关人员素质培养的途径

人的素质是可塑的，公关人员的素质和能力可以通过多种途径和方法培养和提高。公关人员素质培养的途径主要有三条：大专院校的培养，短训班的培训，实践工作中的岗位培训。

大专院校师资力量雄厚，教学内容系统、丰富，教学方法正规，有较好的教学条件，可培养出高层次的公关人才。但是，大专院校正规教育时间过长，在我国目前公关人才紧缺的情况下，这种周期过长的正规学习难以满足实际需要。因此，我国大多采取短期培训的方式培养公关人才。

短期培训，主要是由某些社会团体出面办各类公共关系短训班进行培训。这种形式对于宣传、普及公共关系知识，效果比较好。

就岗位培训而言，由于交际礼仪是一门实践性很强的学科，而礼仪知识更需要在长期的实际工作中去掌握，因而有时还可以委托有条件的企业进行培训。比如，一家新开业的宾馆就可委托另一公共关系工作开展得很好的宾馆来帮助培训公关人员。在实践中进行岗位培训还可以采用见习培训、模拟培训、特别培训等方式。

三、公关人员素质检测的内容

一个公关部门是否拥有优秀的公关人员，是公共关系工作能否取得成功的关键。公关人员应具备多方面的素质，现分述如下。

1. 知识素质

公共关系工作是一项涉及面广，综合性和应用性很强的工作，因此，公关人员的知识面要广，灵活运用知识的能力要强。

2. 道德素质

由于公关机构的特殊地位和公关人员的特殊工作职责，要求公关人员公正、诚实、文明、讲信誉。

3. 思想素质

公关人员的思想素质决定着他的公共关系工作的质量。公关人员必须了解国家的有关大政方针，理解和掌握组织的有关政策。

4. 能力素质

公关人员应该具备良好的能力素质，包括想象力与创造力、语言能力、组织能力、交际能力和专业技术能力。

5. 心理素质

从事公共关系工作的人员要有健康的心理，在与公众交往时要做到和颜悦色地倾听公众的意见和批评，能够豁达、大度地争取到对组织有偏见、误解和怀有敌意的公众。存在心理缺陷或障碍、脾气古怪不合群的人是无法开展公关工作的。

公关人员还要有幽默感，性情随和；平易近人，不畏挫折；仪表动人，有感染他人的魅力；往来于大庭广众之间而不畏怯，思想敏捷；做事喜欢拟定计划。

习　题

1. 仪表包括哪几个方面？

2. 公关人员完美的形象表现在哪些方面？

3. 仪表在公共关系工作中有什么作用？

4. 气质有哪几种类型？各有什么特点？

5. 什么是风度？良好的风度有哪些表现？

6. 怎样培养气质？

7. 服饰在公关活动中有什么作用？

8. 交际场合适宜穿什么样的西装？为什么？

9. 怎样选择服装？

10. 公关人员应具备哪些方面的能力？

11. 公关人员的组织能力有哪些内容？

12. 公关人员素质培养的途径有哪些？

13. 根据公关人员素质检测的内容，看自己是不是一名合格的公关工作者。

第三章　交际礼仪的基本原则

第一节　交际礼仪基本原则的内容

礼仪的本质是敬重，它包含两个方面的意思：一方面是人们对自己从事的活动的一种敬重之感；另一方面是人们对与活动有关的对象产生的一种敬重之情。它们实际上来源于人们对自我和公众的一种期待，期待越强烈，行为也就越郑重，礼仪就是满足这种心理需要的交际形式。

中国是礼仪之邦，早在春秋时期，就有了专门执掌礼仪的官职，叫做“相”。后来，民间出现了一种司礼的职业，司礼的人叫做“宾相”。无论是皇帝登基，还是平民百姓的婚丧嫁娶，凡是有许多人共同参加的活动，都由“相”来主持。因为这些活动事关重大，需要有严格的秩序。

现代公共关系的开展，其目的是实现组织的目标，其过程是人际沟通。因此，公共关系工作的开展离不开“礼仪”。

人际沟通是多层次的，因而不可能有一套固定的礼仪模式能够适应所有的公关场合。但是，不管礼仪的内容与形式是怎样的千差万别，在公关活动中均应遵守以下基本原则。

一、规范性原则

规范是人们共同认可并且遵循的准则。礼仪活动也有着自己的规范。撇开具体的形式，礼仪的规范性原则的内容就是遵守规则，切合情境，表现适度，郑重其事。

1. 遵守规则

礼仪规范性原则的第一个要求就是遵守规则。不论是一般交际礼仪，还是重大活动礼仪，都是按照一定规则行事的。即使这些规则中包含着特定的区域性、民族性和时代性，但其基本精神是不变的，即礼有规则。比如，由于各地民俗不同，婚俗也有差异，因而婚礼规则就无法统一，而且不轻易变更。其他礼仪、礼节也是如此。在一定时期内，礼仪、礼节规则不会随着社会和生产的发展而产生重大变革，具有明显的稳定性，即使是施礼程序，也在一定程度上保持着结构紧凑的承递性。因此，在公关活动中，我们必须严格遵守礼仪规则，依礼行事，按程序施礼。无论是何种目的、何种规模的礼仪应酬，都应该如此。

2. 切合情境

切合情境是指礼仪行为必须适应由公关活动的时间、空间、对象所构成的外部环境。

不同的礼仪要求有不同的情境，情境一旦以外部环境的面貌呈现出来，便要求我们积极适应。例如，庆典的情境应当喜气洋洋，氛围热烈。我们参加这样的礼仪活动，需要从服饰、仪容、语言、神情到施礼程序等各个方面都符合它的情境要求。如果一个人到这种特定情境下的现场参加礼仪活动，衣着灰暗、神态沮丧、语言阴冷、交际淡漠，甚至发牢骚、说怪话、多出凶兆之言，那么，此人一定不会受到欢迎。

3. 表现适度

表现适度是指礼仪行为不应造成对方的紧张，表现应该从容。例如，行握手礼时，有的人握住对方的手，为了表示亲热，用力过大令人感觉不适，有的人则用两根指头蜻蜓点水似的“意思”一下，有的人却又执手久久，情意缠绵，这不仅是失礼，而且也是失态、失格。礼仪的规范性原则要求适度。

4. 郑重其事

这是礼仪的本质对礼仪行为的要求。古人凡在重大的礼仪活动之前均要沐浴、斋戒，以示郑重其事。现代人同样如此，例如，法国白兰地酒打入美国市场，就安排了这样的礼仪活动：十几名身着法兰西宫廷侍卫礼服的青年迈着整齐的步伐，抬着两桶白兰地酒进入美国白宫，在场的美国公众目睹此情此景，情不自禁地唱起了法国国歌《马赛曲》。

礼仪的规范性原则的核心就是郑重其事，这既是对组织所有成员的要求，也是对公关活动全过程的要求。

二、对等性原则

民主政治取代君主政治为现代公共关系的发展奠定了基础。因为只有平等，才有公共关系可言，离开了平等，也就没有了公共关系。同理，作为公共关系活动重要形式和内容的礼仪也应该体现平等。礼仪的对等性原则就是指交际的双方都应以礼相待，而且双方所执之礼应该大体相当。

对等性原则的核心是平等，具体表现在以下几个方面。

1. 往还性

“礼尚往来”“来而不往非礼也”，这些格言准确地概括了礼仪的往还性。

礼尚往来要求交往双方不因地位的差别和感情的亲疏而漠视、冷淡对方，忽视礼数。为此，往还性要求礼仪行为中应该注意以下几点。

（1）空间同位互动。即在相同的空间环境中，一方对另一方的致礼应予以反应。例如，在阅兵式上，三军向邓小平同志致礼问候“首长好”，邓小平同志还礼致意“同志们辛苦了”。

（2）时间异步互动。即在不同的空间环境中，一方对另一方礼仪行为的回报，如答谢宴会、回访等。

2. 相当性

相当性是指礼仪行为的规格、方式应与受礼者地位相当。相当性特征要求在礼仪行为中应该注意以下几点。

（1）标准对应。即礼仪规格应与受礼者身份相对应。从功利目的看，可以就高，但不能趋低。例如，对方是业务科长，可以考虑由经理接待，如果安排一个一般工作人员，对方就会有一种被轻视的感觉。外事活动中的不同礼宾规格就可以说明这个问题。

（2）差异对应。公众的类别特征决定了礼仪的区别对应，这样做，不是厚此薄彼，趋炎附势，而是对所有公众的礼遇。例如，宴会桌席的安排，宾主之间宾为尊，众宾之间主宾为尊，接下来的顺序就是年长者、妇女、远道宾客、新结识的朋友，这都是根据对象的差异特征所进行的礼仪对应。公关人员应注意这种对应。

根据差异对应的特点，公关人员在一般性的见面问好行为完成后，礼仪行为应面向全体公众，只有在个别公众发出主动的礼仪行为信号时，方能回应，如拥抱、握手等，否则就会失态、失礼。

三、健康性原则

健康性原则是指公共关系组织或公关人员在公关礼仪活动中遵循道德风尚和法纪法规，不以低级、庸俗、不良的所谓礼仪损害他人利益而谋取自身利益的原则。

众所周知，交际礼仪的职能在于展示个人和组织的形象。健康的礼仪在社交活动中能够给人展示良好的组织形象，相反，低级、庸俗的言谈举止会令人生厌，使组织的形象受到损害。

在公关活动中，任何有损法规法纪、有损自身或他人尊严，不道德、不忠实、不诚实的言行举止都是不健康的。时下流行的"酒肉公关""美女公关""金钱公关"，趋炎附势、卑躬屈膝、"人情胜法情，老乡胜公章"，都是有违反公关礼仪的健康性原则的。

《国际公共关系道德准则》是影响较大、各国公共关系组织和公关人员都应当遵守的条约。《国际公共关系道德准则》中要求公关人员应该努力做到：牢记由于职业与公众的关系密切，个人的行为（即使是私人方面的）也会对事业的声誉产生影响；尊重并维护人的尊严，确认各人均有自己判断的能力；避免因某种需要而违背真理；不参与任何不道德、不忠实、有损于人类尊严与诚实的事务。

公共关系是一项塑造形象、建立声誉的崇高事业，它要求所有公关人员必须具有良好的道德品质、高尚的情操以及诚实严谨、公道正派的作风，用健康的礼仪向社会展示组织的美好形象和声誉。健康的公关礼仪可以把人际关系"人情化"，庸俗的公关礼仪则会把人际关系"商品化"。

四、通行性原则

通行性原则是指交际礼仪得到大家公认，并且愿意自觉遵守，在世界范围或特定的地区约定俗成并得以通行的原则。

礼仪的通行性原则对公共关系人员提出了三个方面的要求。

1. 礼仪的可行性

礼仪的可行性是通行性原则的核心。如果某种形式的礼仪不被人们所认识，那么这种形式的礼仪不但不会被人们接受，有时还会引起相反的结果。例如，在 20 世纪 60 年代，非洲某国元首在武汉体育馆参加群众集会，他对向他鼓掌欢迎的群众不断摆手，群众以为他示意停止，便停止了鼓掌，他感到不解，群众也因此不解。后来，工作人员向下传达这位外国元首的摆手是表示高兴时，会场的气氛才重新热烈起来。

可见，任何礼仪必须为双方所了解，只有这样，礼仪行为才能实现自己的目的。

2. 礼仪的普遍性

在某一国家或某一地区，人们按照约定俗成的特定的礼仪进行人际间的交往和公关活动，体现人们在交往中互相尊重的意愿。例如，舞会中“无论男女，一旦接受对方邀请，就应同对方跳舞至本曲终了，不要中途单方退场”的舞会礼仪，“TPO 着装原则（T，Time，时间；P，Place，地方；O，Object，对象），在不同的时间、地点，根据不同的交际对象，选用服装”的礼仪都是国际上公认，通行于全世界的礼仪原则。

3. 礼仪的特殊性

礼仪的通行性并不是绝对的，不同的国家，不同的民族，通行的礼仪是不尽相同的。例如，在我国，举办生日庆典活动，往往用绿色来布置庆典场所，因为绿色代表纯洁与活泼。而在日本，绿色则象征不祥。对于摩洛哥人来说，他们认为白色代表贫困，所以一般不穿白色服装。

五、功利性原则

功利性原则是指社会组织通过礼仪行为建树组织形象，促进互惠的目标原则。

所谓组织形象，就是组织在公众心目中的地位。这是公共关系活动的着眼点，也是公共关系礼仪的着眼点。

实践证明，并不是礼仪的排场越大，功利的价值就越大。例如，某县城一家工商银行办公大楼落成时，花费一大笔资金进行庆典活动，结果却引起了广大储户的反感。与此相映照的是，县城另一家商店开业，他们随机邀约了几位表现不同职业特点的顾客来参加开业剪彩，花钱不多，但却成了小县城的一条新闻。该商店的知名度和美誉度远远超出那家工商银行。

可见，礼仪行为与功利性结果是有密切关系的，功利的正值与负值的大小与成本的多少关系不大，至关重要的是公众通过礼仪行为对组织给予的评价。简而言之，就是要确立良好的组织形象。因此，在追求礼仪行为的功利效果时，应该注意如下几点。

1. 针对不同的公众，使礼仪行为投其所好

每一个社会组织，都有自己特定的公众群，每一类公众的个体也有个性的差异，礼仪行为应该注意到这些差异，并且予以表现。

从大的方面看，例如，毛泽东同志曾经对外交部礼宾司的同志讲：对于外国国家元首的接待，规格要高，菜肴要华美，但对于国外正在从事艰苦斗争的同志和亚非拉朋友，招待要实在，要

多给他们营养。

从小的方面讲，例如，某外国知名女士来中国访问，身着一条红裙子。当她到某宾馆下榻时，迎候她的宾馆礼仪小姐也都穿着红裙子，房间里也摆上红色的鲜花，她非常高兴，该宾馆的形象也由此牢牢地刻在她的记忆中。原来，该宾馆礼仪小姐的红裙子是临时安排的，因为客人穿的是红裙子，说明她喜欢红色，所以做了这种安排，以便引起客人的好感。这些是礼仪行为根据公众个性所做的针对性选择。

2. 精心组织，发挥礼仪的整体效应

公共关系活动，特别是公共关系专题活动中，礼仪行为要贯穿始终，而且要由许多人来共同操作，共同执行。如果某一个环节出现了疏漏，就会影响礼仪行为的整体效应。

从过程看，如果开始疏漏了，那么，首因效应就会发挥作用；如果后期疏漏了，那么，后摄抑制将会使之前功尽弃。

从范围看，尽管执行礼仪的其他成员都尽忠职守，司礼如仪，但是如果某一个人执礼不端或出言不逊，就会影响全局。因为组织形象具有整体性，所以要求全体组织成员都要具有公共关系意识。

3. 交际礼仪行为必须服从组织发展目标

交际礼仪行为必须为组织发展目标服务。如果离开了组织发展目标，交际礼仪行为也就失去了意义。例如，某些从事公关礼仪工作的人员，为了使礼仪活动有声有色，不顾组织的经济实力，投入过多，造成组织元气大伤。或者为了表面的光彩，使组织内部公众的关系严重失调，这些都是不足取的。总之，礼仪活动的规模应量力而行，避免内外反差较大而挫伤内部的积极性。

只有这样，才利于组织的发展，有助于实现礼仪的功利目的。否则，好大喜功，急功近利，最终只能是功利两失。

4. 正确对待功利，局部服从全体

功利也具有相对性，在局部看来，也许是可行的，但在全局看来，则是不可行的，局部的小利也许会招致全局的受害。例如，某些中外合资企业，在企业的门前并立三根旗杆，中间主杆升的是外国国旗，且副杆较主杆还要矮上一截。这种行径令国人嗤之以鼻，因为他们抑内扬外、本末倒置的行为表现了他们的愚蠢，本来是为了张扬，结果张扬的是愚昧、麻木和丧失民族尊严。因此，交际礼仪行为，特别是涉及国格、国威、国法的交际礼仪行为，应该以国家的全局利益为重。

礼仪的功利性并不仅仅特指礼仪行为主动方的功利，它还必须包括礼仪行为被动方的功利。例如，某单位的开业庆典，前来庆贺的单位很多，从主动方来讲，众多的庆贺单位，特别是那些社会上颇有影响的单位来庆贺，这无疑是一种荣耀，是一种重要的社会承认。因此，礼仪的主动方通过礼仪而收获了成功。礼仪的被动方也同样因此而获得了功利。如果邀请方是一个很有影响的组织，礼仪的被动方必然乐于被邀请，因为它从这种邀请的行为中看到了自己在社会群体中所处的地位，从礼仪主动方的价值取向中看到了自己的价值。就这一点而言，无论是心理的满足和愉悦，还是由此进行本组织的社会形象定位，对礼仪的被动方都是有利的。即使一些知名度相对较低的组织也常常借助这种形式进行组织形象建树，人们经常对长长的一串庆贺单位名单发生兴趣，这个单位怎么这样陌生，它在什么地方，它是什么时候成立的，为什么它也会被庆典单位邀请。当这些问题出现的时候，这个组织的注意值也就被提高了，因此，它也就实现了自己参加贺仪的功利目的。可见，礼仪的功利性原则还具有互惠性特征。

为了实现礼仪的互惠，常用的方法有三种。

第一，烘云托月法。交际礼仪行为离不开介绍。礼仪的主动方应熟悉被介绍单位和个人的特征，并能够通过介绍向其他人展示这些特征。这样，既宣传了被介绍的单位和个人，又给人一种“谈笑有鸿儒，往来无白丁”的感觉。客人不是等闲之辈，主人当然也就非同一般了。

第二，凿壁借光法。即有意识地安排意见领袖和权威参与礼仪活动，并且事先就加以渲染，引起公众注意，吸引人们参加，发挥权威效应。这有利于提高礼仪主动方的声望，同时也为参与礼仪的被动方提供接触权威和意见领袖的机会。例如，时下的许多“卡拉 OK 厅”在开业时总是设法请著名的歌星参加。又如，一些企业家常常利用礼仪活动在礼仪沙龙里结交本组织的首要公众，这都是功利性原则凿壁借光法的运用。

第三，功利互补法。功利的互补应该具备如下几个条件：首先，它应该是双向的互动，接受礼仪的一方应该对施行礼仪的一方给予回报；其次，礼仪行为双方都必须由此而获得满足。

从礼仪的主动方看，对于所有参与礼仪的人员所表示的热情和友好必须给予回报。回报的方式是通过大众传播媒介进行鸣谢，赠以适当的具有纪念意义的物品等。回报应注意两个问题：一是不可偏心，俗话说“来的都是客，相逢开口笑”，不应该厚此薄彼；二是不可口惠实不惠，例如，曾经许诺说，届时，将有某某著名人士参加，结果，参加的是次要角色，这样，就会令人扫兴，组织形象也会因此而遭受损害。

从礼仪的被动方看，也有一个互补回报的问题，西方国家对礼仪服务报以小费，虽然不合乎我国国情，但是，这种行为所表现出的一种精神却是应该肯定的。马克思曾经说过，服务具有价值和使用价值。这种回报行为正是对服务的价值和使用价值的承认。因此，当我们接受公关人员的礼仪服务和款待时，也应该予以回报，虽然只是精神上的，但也可以给施礼者一种巨大的满足，因为，他的价值由此得到了肯定。许多具有公共关系服务性质的部门，专门设有留言簿，人们爱写，服务人员爱看，正是功利互补的心理表现。

第二节　交际礼仪原则的相互关系与运用

交际礼仪的五条原则是礼仪行为必须遵从的。首先，它从指导思想和行为规范两个方面确立了礼仪的基准。例如，对于健康原则与规范原则来说，前者是指导思想的概括，后者是行为规范的要求。以上两条原则属于公共关系礼仪道德的范畴。职业道德是每一个从业人员都必须遵循的，交际礼仪的执行者更应该如此。因为，他们不但代表了组织，体现着组织的风范，而且，对于良好社会风气的形成，对于精神文明的建设，也起着榜样示范的作用。其次，交际礼仪原则从公众的角度提出了礼仪行为必须服务公众的宗旨。通行性原则和对等性原则都体现着这样的精神。再次，交际礼仪原则有利于企业的发展，特别是功利性原则，它着眼于组织形象的建树和双方利益的实现，揭示了礼仪行为的目的。

交际礼仪原则从职业道德、服务宗旨和根本目的三个方面对交际礼仪进行了质的规定，具有鲜明的中国特色和时代特色，为了建设有中国特色的社会主义，公关人员在礼仪活动中必须坚持上述原则。

当然，原则不可能包罗所有的具体问题，但是，对具体问题的解决，必须以原则为准绳，不能偏离。从事公共关系工作的人员在礼仪活动中应该自觉地运用这些原则来规范自己，学会在复杂的礼仪活动中正确而灵活地运用这些原则。

应该注意和强调的是，这五条原则是有机的整体，只有在五条原则的共同作用下，礼仪活动才能事见其功。因此，不能把这些原则割裂或对立起来。讲究“功利”而忽视“健康”，注意“规范”而忽视“通行”等都是不足取的。

我们了解了原则，还要熟悉原则、掌握原则，并且在公关交际礼仪活动中正确运用这些原则，这样才能做到司礼严肃，恰如其分。

习　题

1. 开展公共关系礼仪活动要遵循哪些原则？

2. 你熟悉的体现交际礼仪原则的民间礼仪活动有哪些？

3. 举例说明对等性原则的使用。

4. 公关交际活动带有功利性的目的，为了利益的获取，组织或公关人员是否可以不择手段？为什么？

5. 不同的民族和地区有着不同的宗教礼仪，这是否说明通行性原则不适用于宗教礼仪？为什么？

6. 什么是规范性与健康性原则？举例说明它们之间的关系。

7. 怎样理解交际礼仪五条基本原则的相互关系？

第四章　交际礼仪语言

语言是人们的交际工具。学习交际礼仪语言是公关人员和类似这种人员开展公关实务活动和进行其他社会交际的基本需要。因此，我们必须认真学习和掌握这个重要工具。

第一节　交际礼仪语言的属性

一、交际礼仪语言的概念

交际礼仪语言是用礼貌包装起来，在公关活动与其他社会交际中使用的一种专门性语言。它以自谦敬人、彬彬有礼为核心，是实施礼仪、礼节的交际手段。

二、交际礼仪语言的特点

1. 传统性

交际礼仪语言在我国不是今天才产生的，它有着悠久的历史。自产生语言和文字开始，就出现了这种用于礼尚往来的交际语言。随着社会进步和社交文明的发展，这种语言日益丰富和规范，为人们交流思想、传递信息、沟通感情、表达意志、以礼待人提供了适用的工具。

2. 礼仪性

礼仪是在人们交往中约定俗成的一种礼貌规范。从语言角度讲，它是一种重在讲礼的交际语言，在语言的内容实质及其表达的方式和感情等方面强调“礼仪”的精神。它同一般语言有许多差别，例如，一个人到图书馆借书，他说“我借一本书”，这是一般交际语言，假使他这样说——“同志，劳驾您，我借一本书，谢谢”，这就是礼貌语言。同一要求而用不同的语言表达出来，其交际效果会大相径庭。可见，交际礼仪语言是一种讲“礼”的语言，而不是其他语言。因此，礼仪性是这种语言的主要特点。

3. 行业性

公共关系管理科学近年来在我国迅速传播开来，于是，交际礼仪语言在个人交际、公务交际之中得到了广泛应用。这种以“礼”为本的语言在社交中发挥着独特的调节人际关系、推动公关实务的重大作用，但它有一定的适用范畴，富有行业语言的特色。在公关活动十分频繁、公共关系成为一个独立部门的情况下，交际礼仪语言的行业性将日益明显。

4. 互尊性

交际礼仪语言要求言者不卑不亢，既尊重他人，也尊重自己。古人说“敬人者，人恒敬之”，尊敬他人的人，也应受到他人的尊敬。礼尚往来，就是要对等讲礼，使用交际礼仪语言也是如此。甲出言以诚，乙答之不敬，这就不符合交际礼仪语言的互尊原则。因此，在个人交际或者公务交际中，讲话必须讲礼，讲礼必须互尊。

三、交际礼仪语言的作用

1. 吸引效应

交际礼仪语言有很强的人际吸引力，一个人娴于礼貌辞令，讲话彬彬有礼容易让人接纳和亲近，即使双方在时空、背景、志趣、事业等方面存在差异，也会产生一种善言而密交的作用。宋人程颐说："以诚感人者，人亦以诚而应。"以礼貌语言待人者，人亦以礼貌语言而待之，同样一个无论是负有何种职能的单位，如果那里形成了一种文明待人、言而有礼的氛围，这个单位就会产生人际吸引。从人际关系的角度讲，礼貌语言的积极运用是产生吸引效应的重要原因。例如，营业员说"先生，服务不周，对不起"，这种诚恳的交际礼仪语言能在顾客的心理上留下深刻的印象，起到争取和招徕顾客的作用。通过语言来进行多方调节和润滑，能够改善人际关系，整饰交际印象，吸引更多的交际对象，从而为发展自己或发展自己的团体开辟广阔的天地。

2. 审美效应

古人说"刻薄语，秽污词，市井气，切戒之"，这句话告诉我们，对污言秽语、陈词滥调应加以戒除，倡之以谦和、淳朴、彬彬有礼的语言交际作风。只有文明有礼的语言，才是纯净的、美的语言。在长期的社会交际中，人们自觉地不断丰富和加强着语言礼貌，形成了系统而庞大的礼仪语言规范，这是社会文明的标志之一，也是精神文明的重要组成部分。它不仅在社会交际中起着调节和互相吸引的作用，而且还具有高度的审美价值。

3. 驱动效应

任何语言都会在一定情景中产生驱动效应，交际礼仪语言也不例外。交际对象在悦耳、舒心的语言的吸引下，个人或者团体的思路、应对行为等均能产生有利于社交的趋向，形成一股礼仪交际的驱动力。众所周知，在具体交际过程中，双方都应遵循互爱、互助、互惠、互谅的礼仪原则。其中的“互助”和“互惠”就是社交驱动，而交际礼仪语言在这种社交驱动中起着不可缺少的杠杆作用。几句粗鲁话或者其他言语过失将引发这样的情形：初交失去再交，故交变成断交，这对双方都是不利的。也许几句礼貌话，就能吸引对方，促进感情深化，谈判成功，来往频繁，甚至做成一笔大生意，而且在双方之间能够创造出文雅、友好的气氛，并逐步造成一种公关交换的形势，发展友好合作关系，为自己或者自己的团体与他人或者他人的团体创造更大的社会效益和经济效益。

4. 服务效应

交际礼仪语言是为交际礼仪服务的，每一种礼仪、礼节都有相应的实用语言。熟练地运用它是一切交际礼仪活动成功的重要因素，不用或者用得不恰当，必然引起社交的失算或者出丑，甚至造成不可挽回的损失。例如，在酒店落成暨开业典礼上，来宾都要致贺词，主人也要致谢词，而且还伴随有许多接待事务，因而要使用多种礼仪、礼节，同时，也要相应地使用多种不同的交际礼仪语言，这就说明，交际礼仪语言的具体服务功能是不可忽视的。无论是在个人交际，还是在诸如晚会、舞会、宴会、庆典、婚礼、丧礼之类的交际礼仪活动中，都要依靠相应的语言为之服务，正因为交际礼仪语言的作用如此广泛，我们才会把它放在很重要的地位，以引起公关交际人员的高度重视。

第二节　交际礼仪语言的类型

一、口头交际

口头交际运用有声语言。有声语言是人体内的发声器官发出来的有音节、有意义的声音。这种声音不仅是表达感情的信号，而且是表达理智和逻辑推理的信号。它是人类特有的社会化了的交际工具。利用现代传播手段制造的一切有声语言都是人类的语言，我们可以利用它进行各种各样的口头交际。

从交际双方所采用的方式及技巧看，口头交际可分为正式与非正式两种。

1. 正式口头交际

这是双方事先经过协商，约定主题、目的、时间和地点的正式谈话。双方在谈话前都做了一系列交际准备。

2. 非正式口头交际

这是双方事先没经过任何准备、较自由的一种随机性交谈，如寒暄、聊天、询问等。这种形式比正式谈话随和、活泼，有时可以无所不谈，易于表露观点和感情，更利于人们相互了解和相互接近。

二、非口头交际

非口头交际运用无声语言。无声语言是人们利用文字符号系统，通过书写和视觉实现的，它的内容比较丰富，诸如文字、图画、雕塑、标志、体态等都是无声语言的重要组成部分，是人际交往中比较规范的形式，它不受时空限制，有时能够起到口头交际无法起到的作用。与人们口头交际直接联系的常用态势语有以下几种。

1. 微笑

笑是通过面部动作表现出来的一种心理活动状态，表达着多种不同的含义。笑有很多种，如微笑、欢笑、讥笑、苦笑、狞笑、奸笑、傻笑、哈哈大笑等。在此只对微笑进行介绍。微笑是通过略带笑容、不出声的笑来传达信息的态势语。它可表示愉悦、欢迎、欣赏、友好、请求和领会，并可表达歉意、委婉、拒绝和否定等各种复杂的感情和态度。它在联系公务、洽谈业务、接待顾客、登台演讲、个别交谈、说服他人等公关活动中发挥着对口头交际的辅助作用，可以缩短双方的心理距离，彼此获得好感与信任，提高交际的效果，促进公关交际目标的顺利实现。

微笑的要求是：

（1）笑容自然、适度，充满情意。

（2）笑容贴切，指向明确，对方容易领会。

（3）笑容亲切庄重，笑而不谐。

（4）微笑时，还可以配上简短赞语，如“好”“对”“真行”等，以加强微笑的交际作用。微笑最忌媚态，特别是女性更要注意这个问题，以免对方误会，引起不良后果。有人说“一个人的微笑价值百万美元”，这就说明微笑可以美化形象，具有审美意义。所以，公关人员要善于微笑，向人们展示自己美好的心灵。

2. 目光

目光语是用眼神来表达情感，传输信息，参与口头交际的一种态势语。俗话说“眼睛是心灵的窗户”，人们内心深处的所有语言可以通过这个窗口透露出来，它比微笑有更复杂、更深刻、更微妙、更奇异、更有表现力的内容。“暗送秋波”“眉目传神”

“天然一段风韵，全在眉梢；平生万种情思，悉堆眼角”等，讲的都是眼睛的表情功能。心胸开阔、奋发向上、刚正不阿的人，其眼神一定明彻、坦荡、执著、自信；不求上进、无能为力、自暴自弃的人，其眼神一定呆滞、昏暗、胆怯、游移；轻浮浅薄的人，其眼神一定漂浮狡黠。不同的目光传递着不同的信息，在公关实务中，也将产生不同的效果。

运用目光传情达意，应注意三个方面。

（1）注意目光注视的部位

1）近亲密注视。视线停留在对方双眼与胸部之间的三角部位。

2）远亲密注视。视线停留在对方双眼与腹部之间的三角部位。

3）社交注视。视线停在对方双眼与嘴部之间的部位，有利于传达礼貌、友好的信息。

（2）注意目光注视的时间。与人交谈或谈判时，视线接触对方面部的时间应只占全部谈话时间的20％～60％，不能长时间盯着对方，否则，就是一种失礼的行为。如果长时间不看对方，很可能是心神不宁的表示。谈话要同注视结合起来，以言表意，以目传情。

（3）注意目光注视的方式。目光注视的方式很多，有直视、斜视、扫视、窥视和环视。在同交际对象进行礼貌交谈时，要忌斜视、扫视、窥视，因为它们或表示轻浮，或表示鄙夷。正视表示尊重。同公众谈话时，要把正视和环视结合起来，使在座的每一个人都无被冷落之感，这样有利于制造一种和谐、友好、轻松的气氛，发挥目光的交际作用。

3. 手势

孔子说过："说之，故言之；言之不足，故长言之；长言之不足，故嗟叹之；嗟叹之不足，故不知手之舞之，足之蹈之。"可见，手势是伴随有声语言，用来弥补口头交际之不足的一种常用的态势语。毛泽东同志提倡"以手势助说话"。在日常交际活动中，手势运用的范围很广，频率也很高。各种不同的手势表达各种不同的信息，手指的动作不仅可以辅助口头交际，有时也可以代替有声语言传情达意。在庄重场合或其他交际场合，如直伸食指指向对方，就是一种失礼行为。所以，要注意手指动作使用的频率、动作的幅度以及手指的姿势，过于频繁地运用手势会给人以杂乱无章、放荡不羁之感。此外，握手、鼓掌、挥手等也都是手势语的重要组成部分，它们都可以配合口头交际的具体内容，表达多种不同的思想、感情和态度。例如，演讲时，演讲者经常有挥手动作，往往包含着表达理想、展示文明、弘扬精神等语意。列宁演讲时，右手坚定有力地挥向前方的那个动作优美独特，深深地刻在世界人民心中，使人们久久不忘。

微笑、目光、手势等态势语的高度结合，更能达到口头交际的公关目的。此外，坐、立、行的姿势，也是一种无声的辅助语言。人们常说"坐如钟，站如松，行如风"，讲的就是站有站相，坐有坐相，要有优美的姿势，使自己显得庄重、大方，彬彬有礼。

在人们的口头交际中善于把有声语言和无声语言巧妙地结合起来，收到显著的口头表达效果，就是一种成功的交际。

第三节　常用交际礼仪语言

交际礼仪语言的文明礼貌与交际对象的自我需要有关。每一个人都有生理需要、安全需要、社交需要、尊重需要和自我价值需要。其中，社交需要、尊重需要和自我价值需要属于高级需要。为了争取交际对象的了解、理解、同情和支持，必须从语言方面尊重他们，善待他们，达到相互交往、积极合作的目的。

一、尊称和敬语

我国传统交际礼仪语言中有许多尊称和敬语，现举例如下。

1. 尊称

用于称呼他人或向他人询问。

(1) 令。令有美好之意，令尊、令堂、令郎、令爱、令兄、令妹等分别用来尊称他人父亲、母亲、儿子、女儿、哥哥、妹妹。

(2) 贤。如贤内助、贤兄、贤弟、贤婿、贤侄等，但称“贤父”“贤母”等极为少见。

(3) 尊。如尊容、尊言、尊意、尊口、尊兄、尊夫、尊大人、尊夫人等。

(4) 贵。如贵姓、贵庚、贵地、贵体、贵校、贵厂、贵公司、贵先生等。

(5) 高。如高寿、高见、高龄等。

(6) 芳。如芳龄、芳名、芳容等，多用于尊重女性。

(7) 其他。如“您”“君”“先生”“阁下”等。

令、贤、尊、贵、高、芳等在用法上稍有区别，但都可以用于口头交际或者书面交际。

2. 敬语

一般来说，尊称多与敬语连用。尊称不少，敬语很多，其中“请”的功能较强。如“请”“有请”“请进”“请教”“请用茶”“请笑纳”“请左拐弯上楼”“请批评”“请入席”“请就位”等。但是，敬语中的“请”与请求语中的“请”在语意上略有区别。请求语中的“请”侧重在有求于人。

在日常交际中，敬语有一些惯常的用法。例如，初次见面时说“久仰”，很久不见时说“久违”，请人批评时说“指教”，请人原谅时说“包涵”，求人解惑时说“赐教”，托人办事时说“拜托”，赞人见解时说“高见”，陪伴客人时说“奉陪”，中途先走时说“失陪”，等候客人时说“恭候”，看望别人时说“拜访”，宾客来了时说“光临”，求给方便时说“借光”，请人勿送时说“留步”，两人告别时说“再见”等。

在使用尊称和敬语时，必须注意以下两点：

• 注意神态的专注和语气的真诚。

• 针对不同的对象使用不同的尊称和敬语，对外国友人、港台同胞以及海外华侨就不宜称同志，或者问“先生，您吃了吗”之类的话。如果要问老人年龄，可问“老人家高寿”，对一般中青年则问“请问贵庚”。

二、谦称和谦语

谦称和谦语在我国传统礼仪语言中也是很多的，现举例如下。

1. 谦称

用于自称及向他人称自己的亲人。

（1）愚　愚师、愚兄、愚见等。

（2）舍　用于称比自己辈分低或年龄小的亲属，如舍妹、舍弟、舍侄等。“舍”的用法同“小”有类似之处，如小儿、小婿、小媳、小弟、小侄等。

（3）家　如家兄、家父、家祖父、家祖母等。

（4）鄙　如鄙人、鄙职、鄙意等。

（5）拙　如拙见、拙作、拙刊、拙笔等。

（6）敝　如敝地、敝县、敝府、敝兄等。

此外，还有“不才”“在下”等，现在仍然常用。

2. 谦语

（1）自己言行失误，说“对不起”“很抱歉”“很惭愧”“有失远迎”“失礼了”等。

（2）请求他人谅解，说“请原谅”“请多包涵”“请别介意”等。

（3）对他人的致歉报以友好态度，说“没关系”“别客气”“您太谦虚了”等。

（4）回应对方对自己的夸奖，说“承蒙夸奖”“抬举”“错爱”“高抬”“谢谢你的吉言”等。

尊称和敬语与谦称和谦语，在许多方面呈对应关系，例如，问“贵姓”，答“免贵，姓邓”；问“令郎在何处供职”，答“犬子还在学校念书，尚未供职”。此外，如“令尊”同“家父”，“令妹”同“舍妹”，“贵府”同“寒舍”，“令爱”同“小女”，“高见”同“愚意”等都是相对的。一敬对一谦，表现交际双方的文明礼貌修养。

三、致谢和道歉

受人帮助要及时表示感谢，得罪他人要及时赔礼道歉。受惠不谢，知过不改，在社交中是一种严重的失礼行为。

1. 致谢

在人们交往中，互相关心和互相帮助是文明礼貌的具体表现。一旦得到了别人的帮助或接受了别人的恩惠，抑或是得到别人的称赞，就必须及时地、诚恳地表示谢意，口头致谢是一种常用的方法。

（1）致谢的方式。包括当面致谢、书信致谢、反馈致谢、中转致谢。

（2）致谢的规则。致谢要诚心诚意，饱含感情；致谢要认真、自然、大方，不可轻描淡写；致谢要使用尊称并使致谢专一化，如果是几个人，便要一个一个地致谢，不可笼统从事；致谢要选择适当的时机，及时地给予回报和酬谢；致谢时要伴随着相应的态势语，目光要注视被谢的人，而且还要注意微笑致谢；致谢后，要注意对方的反应，如果对方不解，要当场说明致谢的原因。

（3）致谢的常用语。如“谢谢”“非常感谢”“感激不尽”“多谢您”“恩重如山”“不胜感激”“谢谢”“真不好意思”“您的恩情没齿不忘”“太客气了，深表谢意”等。

（4）致谢的技巧。致谢属于一种礼仪交际。要改善人际关系、加强感情交流、保证致谢的交际效果，必须讲究方法。

谢人酒宴招待，不妨称道菜肴可口，厨艺独特；谢人工具，不妨称道此物使用顺手；谢人代购物品，不妨夸奖代购者的眼力；谢人称赞，不妨答谢“不敢当，您过奖了”；谢人帮忙不妨答谢"劳累您了，真叫我不知道怎样感谢您"等。

致谢语无一定规范，要因事而异，相机而言，使对方切实感到答谢人诚恳地肯定了自己的礼貌言行，从而产生进一步发展情感的愿望。

2. 致歉

向他人赔礼道歉是一种交际补偿，是尊重别人也是尊重自己的必要礼节，不能认为有失身份和体面而自以为是，以致在人际关系上留下阴影，这是不利于公关实务的顺利发展的。因此，致歉不仅有利于公共关系的改善和发展，而且有利于个人形象的修正和优化。

（1）致歉常用语。确认自己言行不当，可说"对不起""失礼了""太不应该了""真抱歉""很惭愧"等；请求对方谅解，可说"请原谅""请多包涵""您宰相肚里能撑船""请高抬贵手""请多批评"等。

（2）致歉的原则

1）致歉不可过分。致歉是谦虚认错的客套话，不可超出必要的限度，如无意中踩了别人的脚，就不要说什么"罪该万死"之类的话。实事求是的赔礼道歉可以使对方产生愉悦的感觉予以谅解，可如果随意夸张，反而会被认为是虚情假意。

2）致歉配合必要行为。口头致歉是主要方式，但要配合适当的补偿行为。如果餐厅服务员上菜时不慎弄脏了客人的衣服，就应当采取措施或擦干净，或干脆赔偿。在人际交往中，如果给对方造成了一定的物质损失，不仅要口头道歉，还要给予物质补偿。

3. 见面和告别时的日常用语

迎来送往，见面和告别，不断交替重复，这是礼仪活动中的一项重要应酬。我们不仅要在行为上积极适应，而且还要运用口头交际认真地配合。下面介绍一些见面和告别时的常用语。

（1）积极运用10字礼貌语，即“您好”“请”“对不起”“谢谢”“再见”。

（2）见面时要说“您好”“早安”“欢迎光临”“近来身体好吗”“我能为您做些什么吗”“请坐”“请用茶”等。

（3）告别时要说“晚安”“再见”“祝您一路顺风”“祝您旅途愉快”“欢迎您再来”“后会有期”“照顾不周，请多多原谅”“请走好”等。

这些应酬话里既有热情的问候，又有真诚的祝愿，能够产生宾至如归、既来则安、依依惜别、回味无穷的作用，让客人和朋友留下深刻而又美好的印象，从而拓展更加广阔的公关交际领域。

四、雅语的运用

雅语是很文雅、很委婉的语言，它往往可以代替在人际交往中习惯使用的那些随便的甚至是粗俗的话。运用雅语能够体现出一个人的文化教养和道德素质。

下面举例试加比较：

• 听说你爸死了。

惊闻令尊谢世。

• 喂，厕所在哪儿?

请问，哪里可以方便?

• 我不吃了，我走啦。

各位请慢用，失陪。

• 你出去的时候要给我把门关好。

先生，请注意关门，以防意外。

以上四例，一经比较，即可发现它们有着不同的礼仪品质，粗话会引起对方反感，雅语可以博得对方欢心。所以，在频繁的社交活动中要随时注意使用雅语，以表示对交际对象的奉承和敬重，特别是对那些负责重要公关实务的客人更要慎之又慎，防止交际不敬而产生消极因素，以致影响和破坏双方关系。

第四节 交际礼仪与口才

交际礼仪活动不能离开公关实用口语，口才是进行公关交际的重要条件之一，与各种各样的公关活动有着直接的关系，所以，口才对公关人员来讲，显得特别重要。

一、交际口才的礼仪因素

1. 语言行为有礼

在人与人、组织与组织之间积极交往，认真对待自己的说话和写作，诚恳听取公众的意见、建议和要求，举止文雅，谈吐谦和，不强词夺理，不蛮横无理。

2. 语言内容有礼

语言内容真诚友善，不欺不诈，不粗不俗，不宣扬低级趣味，不散布违背道德、法律、社会习俗的言论，尤其要尊重特定公众的特定习俗。

3. 语言形式有礼

选择恰当的语言表达手段，做到语言规范，语调亲切柔和，多用谦词和敬语，措辞庄重典雅。交际口才的礼仪性广泛地存在于公关语言行为及语言形式中，不论是双向交流的交谈、对话、电话来往、外交谈判，还是单向交流的发言、讲话、致辞、演讲，抑或是书面语言形式，都具有明显的礼仪性、礼貌性，即使对待持不同意见的公众也要以理服人、以礼感人，通过交谈、对答或者论辩等语言交际方式消除分歧。

二、失言与礼节

失言是指在一定场合和情境中无意说出得罪人、伤害人的错话或蠢话，在某种程度上来讲，失言就是一种交际失礼。失言主要表现在以下几个方面。

1. 不分场合说话

即不看特定场合、气氛和公众情绪滥发议论。例如，某厂一年一度的订货会开始了，各地前来祝贺的来宾、订货的客户很多，在这种时刻，人们聚首交谈、互传信息是很正常的事情。有一位女士与众不同，当着许多来宾和客户的面天南地北，夸夸其谈，引起人们注意，人们纷纷凑上去听她讲话，她说："你们以为什么金牌、银牌都是上面发的，告诉大家，某国开有奖牌公司，只要你想沽名钓誉，欺世惑众，又不惜重金，就可以到那里买一块，什么国际金奖、国际银奖就到手……"说得人们目瞪口呆，有的笑，有的气，有的反驳，其中一个听众说："大家别听这位太太的玉言了，还是都回去买奖牌吧。"

这位女士的话，其真实性如何姑且不究，但是，贬低订货会和伤害一部分厂家的作用是很明显的，而且，她在公众面前也暴露了自己的浅薄和缺乏社会经验，当场遭到听众的反对在所难免。在这个场合，即使她讲的是实话，也变成了蠢话。

2. 无视听众结构说话

听众是一个复杂的结合体，在性别、年龄、职业、生理、心理、性格、经历等方面有着多种不同的情况，还有着各种不同的需求。如果我们无视听众的结构，出言不慎，就将得罪和伤害其中的某一个人或某一部分人，即使运用的交际语言能被某些人所接受，但在另一些人身上也可能会发生负效应。例如，一个公关部经理对一个新来的工作人员说："小王，你来到我们公司工作，要换个样，好好干，我们这里不比下面乡镇，可以随随便便，混饭吃……"这话的精神无可非议，但被在场的几个乡镇企业的干部听见后，就认为经理是在诽谤乡镇。这样的失言问题，有时也会出现在家庭内部。例如，一个四口之家就出现了类似的情况。丈夫下班后回家做饭，由于放水太多，做成了一锅稀饭，妻子回来一看，非常恼火，就指责丈夫，丈夫觉得劳而无功，生气地大声说："没有米了！"丈母娘无意中听到了这句话，于是收拾东西回老家去了。其实，女婿毫无赶丈母娘的意思，但"没有米了"这样的话却产生了赶丈母娘的语言交际负效应。

女婿的话伤了丈母娘的心，这仅仅是一个家庭里的问题，如果是对外部的交际，无论是对个人还是对集团，那后果都是不堪设想的，很可能造成由密交到薄交再到断交的局面。对方将效法丈母娘，不辞而别，这对说话的个人或者集团都是十分有害的。

3. 不顾俗语影响说话

我国的俗语、谚语、歇后语很多，大部分富有表现力，而且生动、活泼，但有少部分包含着庸俗、猥亵、低级的成分。滥用俗语、谚语、歇后语也是引起失言的一个重要原因。鲁迅的《阿Q正传》中描述，阿Q的头上长有一块"癞疮疤"，因此，他忌讳"癞"以及同"癞"近音的字，到后来连光、灯、烛也忌讳。很明显，阿Q有特殊情况，因而他有一个禁区，即不准他人触及他的生理缺陷。这告诉我们，在人群之中，某些人是有忌讳的，如果我们讲话犯了他们的忌讳，就会引起他们的心理对抗，如"天要下雨、娘要改嫁""睁一只眼，闭一只眼""歪嘴婆吹火——一股邪气"等等，这些话势必触犯某些人的禁忌，所以，慎用俗语、谚语、歇后语是尊重他人、避免失言的需要。例如，某卫生局召开春季防疫会，主席台上坐着几位领导，其中有一位盲者。一位领导同志在批评善恶相容、老好人的处世态度时说："现在的人都学滑了，不肯讲话了，反正是你不说我瞎，我不说你脚板大。"这句话引起哄堂大笑，这位失明的同志顿时感到无地自容，且面生愠色，一直木然地坐着，始终没讲一句话，离场时连熟人也不敢正视，神情十分沮丧。

这位领导同志的讲话并没有得罪和伤害现场的大多数听众，但使听众中的个别人受到了他无意之间的人格挫伤。言者无心，听者有意。失言很可能会使自己丢掉一笔赚钱的生意，甚至失去朋友。我们不能认为俗语之类的话生动有趣就不加选择地乱用，万一有特殊情况的那些人计较起来，他们不是暗中仇恨，就是公开自卫，甚至会从另一个角度对说话的人进行挑剔和报复。

4. *无视修辞效果说话*

现在在公关交际场合乱用"最"字的情况很严重，诸如口头广告、日常交谈、节目主持人讲话等。人们往往很少分析"最"的修辞效果，热衷于无限夸张，如有人说"现在中日双方最著名的两位歌唱家就要出场了"，夸了两个，却贬了一片，中日听众和中日歌唱家都无法接受。这涉及如何正确地抬举人和恭维人的问题。我们应实事求是地称道人、赞美人，慎用“最”字以及与“最”字有类似作用的词，以免因“最”而失言。夸而不当，适得其反，应当引以为戒。

5. 不克制冲动说话

人在发怒的时候容易说过头话，这在别扭的贸易洽谈、激烈的法庭论辩、愤怒的自我辩护、窘迫的个别谈话等情景中较为常见。人的感情一旦冲动起来，错话、蠢话就可能脱口而出。例如，双方洽谈商务，为价格问题发生争执，一方说话激动，冒犯了对方，而被冒犯者则以牙还牙、寸步不让，说：“国共和谈都没有这样为难，你们比蒋介石还刁!”话中充满了火药味。为价格争议，把商务往来中的业务洽谈比作国共和谈，又把对方比作蒋介石，这是非常荒谬的。待情绪冷静、理智复原以后，已到了难以挽回的地步，使可以通过耐心谈判达成协约的生意半途而废，不仅有害于此次的商务交际，而且将使自己的组织作茧自缚，无法打开贸易市场。

失言的原因及表现很多，究其认识根源，无外乎是缺乏辩证观点，对听众结构．听众中的特殊情况没有充分认识，以致在口头交际中出现了损害人际关系、丧失文明礼貌、增加公关障碍的语言失误。因此，我们在公关交际活动中要十分注意语言的全方位效应，尽量避免失言，因为失言就是失礼，而失礼是不利于交际的。

三、实用礼貌谈话技巧

谈话是公关交际活动中最基本的语言活动，复杂的人际关系和公关实务要求公关交际谈话具有文明礼貌、机智善变的特点。礼貌谈话技巧很多，这里只介绍几种常用的技巧。

1. 慎用掩饰

在语言交际中，有时需要我们设身处地地为他人着想，运用诚恳而得体的话语给予掩饰，搪塞他人的偶然过失，以维系和增进融洽、友好的交际关系。例如，一位公关小姐参加一次联谊茶话会，发现自己的茶杯里漂着一只小苍蝇，她决定请招待小姐换一杯，于是这样说道："小姐，刚才一只小苍蝇掉在我的茶杯里了，可以为我换一杯吗?"然后对她身边的伙伴小声说："小苍蝇投水了，真够它苦的。"这位公关小姐的话实际上是她临时编造的谎言，目的是为当事人圆场、掩饰，维护这个单位的良好形象。如果她说"我的茶杯里有一只死苍蝇，真叫人恶心，喂，快给我换一杯"，这虽是真话，但未必会产生较好的交际效果，而且还会使双方不悦，甚至产生隔阂，危害人际交往。对他人的偶然过失，采取有意掩饰的态度，是一种礼貌语言行为。如果双方交情较深，可在事后或私下做友好的提醒，说明事情的真相，这样，对方和对方的单位将会产生感谢之情，由衷地钦佩掩饰者的气度和风格。

同时，公关人员应该知道，为了有利于人际交往，对他人的偶然过失，不可直言公布。掩饰完全是为了实现某种特定的公关目标，一种临时的隐讳与以诚待人、忠厚老实没有丝毫矛盾。例如，一个旅客到一家宾馆住宿，见到迎面而来的一位小姐就连忙招呼道："多日不见，近来可好?"弄得小姐丈二和尚，不知如何是好，说认识吧，又没有印象了；问他是谁吧，又会令对方尴尬。她灵机一动，说："哟，您今天打扮得这么漂亮，几乎叫我认不出了，您好!"并且主动上前握手。这是一种双向掩饰，既维护了他人的体面，又瞒住了自己的健忘，一"语"两得，不失礼节。

2. 巧用委婉

巧用委婉就是运用婉转、含蓄的语言表达信息，进行交际。对在某种时空中的个别人或者人群，有时直言快语并不生效，甚至还有失礼之嫌，如果运用隐蔽、含蓄、转弯抹角的委婉语言，反而会获得较好的交际效果。

下面以提问方式举例并略作分析。

（1）例题

例 1. 你会向别人借东西吗?

——借 100 元钱!

——日前我手头有些紧，请您救救急，行吗?

例 2. 你会维护自己的声誉吗?

为买水果的事，一个孩子的母亲同商店老板争执，那位母亲说："我叫我儿子到你店里买了两斤桃子，拿回家一称，只有一斤半，你也太狠心了!"店主没有生气，这样回答说："我的秤没问题，太太，您有没有称过您儿子的重量?"这位母亲一听，便想：也许是儿子在途中吃了半斤。

例 3. 你会拒绝送礼吗?

一个乡干部帮助一家农民捉住了一头脱缰的牛，扭伤了脚，于是回家休息。农家大嫂提了两只肥母鸡来感激他，这位干部说话直率，几乎推辞不了，在某公司公关部工作的他的女儿插言道："大娘，我爸为您捉的是牛还是鸡?"农家大嫂说："当然是牛啦。"他女儿顺势说："大娘，您舍不得呀? 还是送我爸一头牛吧。"

例 4. 你会谢绝不明企图的邀请吗?

正在某地旅游的一位客人忽然向女导游提议，说："我们到那片林子里走一走吧？"导游小姐稍稍考虑后，说："先生，那里很脏，我们还是到干净、热闹的地方去玩，您看，前面有一个景点，人们正在参观，我们何不到那里去潇洒走一回呢？"

（2）分析。上述四例中都使用了委婉的语言，包含着很浓的礼貌成分。孩子的母亲已经说出了不中听的话，但店主并不以恶对恶，而是含蓄地提醒对方，否则就很可能会发生争吵，店主以礼为重，巧用委婉的言辞平息了买卖风波。上述例 3、例 4 是几个难题：收了鸡，有损廉洁；不收鸡，伤了大嫂感情。导游小姐应邀不是，不应邀也不是。如果直接拒绝收礼和直接拒绝邀请，在那样的特定情景下都是一种失礼行为。然而，她们用诚恳的动机、委婉的言辞正确处理了几个两难问题，使对方心服，未引起交谈变故。所以，在公关交际活动的某些环节上，要根据交际目的、现场形势、民族习俗、语言变化等，有礼貌地巧用委婉的言辞，避免因直言快语而引起失敬与失和。

3. 善用夸赞

夸赞就是运用言辞称道人、恭维人。人人都在夸赞人，也希望得到他人的夸赞，但不一定人人都善用夸赞。必须明白，称道和恭维是文明礼貌在社交活动中的具体反映，也是加深感情、强化交际、缩短人际心理距离的重要交际手段。现从三个方面分别加以说明。

（1）诚恳的态度。心要诚，这是称道人、恭维人的前提。虚情假意、逢场作戏，甚至以夸谋私，这是虚伪、卑微、狡黠心理的反映，以之夸人，是半点作用也没有的。上司只在会上随意说了几句话，却有人跑上去奉承说："您今天的报告做得真好！"明则抬举，实则贬低。这种言过其实的吹捧只会激起对方的反感和鄙弃，完全没有加深感情、活跃交际氛围、完成公关任务的作用。所以说，以诚夸人、以礼感人是夸赞成功的基本保证，也是夸赞的灵魂、交际的生命。

（2）准确的语言。言要准，这是称道人、恭维人的原则。运用准确的语言夸赞人，可以使对方闻夸则喜，感受颇深，从而给一个人的学习、工作、生产增添不少动力。言要准的具体要求就是赞词必须准确、集中，能够突出地反映一个人在某一点或某个方面的重要特征，针对闪光点，有针对性地调整一个人的心理动力机制，为公关交际活动的礼仪化打开一个窗口。言要准必须面要窄，夸赞越具体，指向就越明确，对方就越爱听，效果也就越显著。

（3）灵活的方法。法要好，这是称道人、恭维人的技巧。夸人有法，但无定法，要视对象、场合、交际目的而随机应变。

1）转借式。正面称道和恭维，有时效果不佳，不如转借第三者的赞词，运用中间传递的方法间接进行夸赞。例如，某电影院的一位广告作者的广告词写得新颖、风趣，但他同经理的关系不太融洽，该院的一位小姐称赞他说："您的广告词真棒，难怪经理说别具一格，确实名不虚传，新颖、幽默、吸引力强！"这位小姐既夸赞了人，又调整了人际关系，而且还同被夸者保持着一定的心理距离。如果第三者有名气、有权威，而且又是被夸者所敬佩的人，那么夸赞效果就会更佳。

转借式夸赞可以加强夸赞的交际合力，有时比正面夸赞的效果要好得多。

2）换点式。在人际交往中总要夸人或被人夸，有时还有这样的情形：征求夸赞。其中，有的是失败者，需要精神安慰；有的是炫耀者，借助他人反应抬高自己或抬高亲人。

换点式夸赞是指从一个人的整体或者一个人的某一方面实在“不敢恭维”的情况下机动选点、临时应酬，给失败者以安慰，给炫耀者以满足。例如，有一个人请来宾评议他女儿弹钢琴的水平，客人听后，觉得曲不成调，要夸，就得换点，客人带着赞赏的神气说：“你们看，这孩子弹钢琴的姿势多美呀，那专注的眼神更叫人喜爱，日后一定能成大器!”客人的夸赞是立得起来的，他避开弹技，选择一个弹性较强的侧面加以夸赞，显示了客人既善于实事求是，又善于机敏夸人的语言交际能力。如果客人不顾“曲不成调”这个事实，硬要在钢琴弹技上大加赞词，那就不是夸赞，而是一种挖苦了。

3）风趣式。夸赞之中带点风趣，可以增强感染人、激励人的力量，有时甚至可以迅速改变一个人的精神状态。例如，陈毅同志率领游击队从江西突围，到达赣粤边境后，部队已经十分疲劳，不一会儿，有的已经头朝广东、脚朝江西呼呼地睡了起来。陈毅同志为了鼓舞士气，提高部队战斗力，就表扬战士们说：“同志们，我们真了不起呀，一身压着两个省啰!”由于夸中有趣，幽默逗人，战士们发出了舒心的笑声，一下子驱走了连夜跋山越岭的疲劳。又如，一位经理足疾复发，行走不便，上楼更难，但他带病上班，无一日懈怠，每天都慢慢蹭上楼去。一日，两位青年看见此景，于是半扶半提着帮他上楼，其中的一位青年说：“您平日靠领导提拔，现在您带病上班就归我们来提拔您了。”经理一听，精神为之一振，并风趣地说：“谢谢你们提拔我!”青年的夸赞言语平常，但含义深刻，而且饶有风趣，催人奋进。

4）控制式。夸赞他人，要实行程度控制，千万不可绝对化，必须一分为二，抑制过热势头。例如，一位董事长在夸赞一位先进工作者时，说：“你今年做得很出色，希望明年我们的单位能够万紫千红。”这句话对我们有很大的启迪作用，赞词简明，扬中有抑。经分析得知，原来这位先进工作者有一个突出的缺点，即“各人自扫门前雪”，董事长要求她来年团结同事，共同前进，不要以洁身自好为满足。

控制式夸赞要求我们扬中有抑、抑中有扬，无论是上级表扬下级，还是群众称颂上司，抑或是人际间的相互夸赞，都不能随意拔高、片面夸大，说出一些谁也难以相信的过头话。

5）反夸式。即运用反语称道人、恭维人，也叫反语夸赞。反夸式夸赞显得幽默而有活力，可以收到预想不到的交际效果。例如，一位记者到某医院找医护人员采访院长的事迹，有人说：“凡是走后门的事，一到我们院长手里就‘脑血栓’，给卡住了！”有的还说：“他这个人在困难面前不识时务，非常自高自大，办起事来真有那么股‘蛇吞象’的劲儿！”事情很清楚，这位院长是反对不正之风的，而且敢于克服困难，不怕劳累，办事大刀阔斧，勇往直前。医护人员的话，名则贬抑，实则夸赞。

夸赞的方法很多，只要运用得当，就能收到很好的语言交际效果。

此外，在夸赞交际中还有一个回报、反馈的问题，我国历来注重礼尚往来。许多人在受到夸赞之后不能心安理得，至少要说句“谢谢”“过奖”“不敢当”“承蒙夸奖”之类的酬谢话，有时还要根据对方的言行及时反馈过去，以表谢意。诗经上说的“投我以木瓜，报之以琼琚，匪报也，永以为好也”，就有这层意思。因此，在某些场合夸人或被夸是一种对等往来，否则，就是语言交际失礼。

4. 多用妙答

妙答之妙就在于说话有道理、有礼貌，反驳不用粗话，自卫不带谩骂，出言机智，理礼双全。

这里以“小儿智答老和尚”的故事为例。

老和尚：你从哪里来？小儿：从江南来。

老和尚：江南草木耳。小儿：江南草木，唯我独秀。

老和尚：择其秀者而伐之。小儿：伐为国家做栋梁。

老和尚见难不住小儿，就这样刁难说：“你进一步就会死，你退三步就会亡。”小儿回答：“我横走三步又何妨。”

这个故事中，小儿的答话就可称为妙答。老和尚的言语中有严重失礼的内容，但小儿在老和尚咄咄逼人的攻击下，始终没有失礼，坚持机警对答，恪守“有理还得有礼”的道德原则，正确处理现实生活中的礼貌语言交际问题。

在一来一往的语言交际中，对有礼的语言要以有礼的语言酬答；对无礼的语言最好还是以有礼的语言应对，不可唇枪舌剑，损害交际，这是公关礼仪活动的语言交际约束机制。在具体交际中有这样的现象：一个人在自己受到冤枉、受到嘲弄、受到欺骗、受到指责时，在自己的服务受到无理挑剔时……很容易滋生愤怒情绪，丧失理智，因而挑选杀伤力很强的语言反击过去，造成小不忍则乱大谋的后果。这个小儿年纪虽“小”，但礼节很“大”，在强者面前从容不迫，显得很有教养、很有智慧，他的做法非常值得借鉴。

下面举出几例，略作分析，以说明有礼妙答同公关交际活动的密切关系。

例 5. 请问：你的这个孩子几岁了？

问题提得很蠢，很冒失，在没有确切知道这孩子的生母时绝对不能这样问。如果是一个缺乏教养的未婚女青年，她将会这样回答："别瞎问，你管他几岁！"或者反问："你没有结婚的时候就生了孩子？"但是，这位牵着小孩的女青年是这样回答的："我听他妈说，已过三岁。"回答有两大优点：出言很礼貌，虽然问话唐突，但她却答之以礼，机智地表达出这孩子同自己无母子关系。

例 6. 一个学生问志愿军英雄马玉祥说："您是 50 年代青年，我们是 80 年代青年，两代青年在气质、品格等方面有许多差别，您喜欢哪一代青年？"

回答这个问题是不能带任何倾向的，否则，不是得罪了这一部分人，就是得罪了那一部分人，因此，需要折中应答："50 年代青年有点'傻'，80 年代青年有点'奸'，还是搀和搀和好。"马玉祥的语意明确，两代青年的气质、品格加以融合才是真正可爱的，回答得机敏而有礼貌，而且正确运用了双向评点、回避两难的应答技巧，富有现实交际意义。

例 7. 一位残疾人，双臂残废，从小就用脚指头夹着笔写字作画，练出了用脚指头写字作画的绝技，其书画还送往国外展出。有人奚落他，问："你是靠脚指头成名的，那么，我问你，是脚有用还是手有用？"问话人的动机不纯，使我们感到了他的粗俗，缺乏人性。面对这种带有挑衅性的无礼问话，人们通常会沉默不语或以牙还牙，然而，这位残疾人选用了恰当的反问方式，给予回敬："维纳斯是以断臂出名的，你说她是有胳膊美还是没有胳膊美呢?"这一回答文雅有礼，使对方无言以对，自知理亏。

例 8. 你喜欢纽约吗?

这是一个美国人向一个中国人提出的问题，中国人怎么回答呢，说喜欢纽约不妥，说不喜欢纽约也不妥。像这样的问题只得答非所问，于是这位中国人答："纽约的汽车多。"至于美国人如何理解中国人的这句答话，那是他的事情，反正这个中国人撇开了喜欢纽约或不喜欢纽约的答案，在美国人面前显示了我们中国人的自尊和机智。

综上所述，可知妙答的基本要求是语言机灵，事由充足，结构严谨，天衣无缝，而且文质彬彬，以礼相答，不得罪和伤害对方，使他人礼中知理，心悦诚服。

四、礼仪演讲

礼仪演讲是一种以抒情为主的演讲，如庆典演讲、迎送演讲等。

礼仪演讲适用于礼仪、喜庆场合，如凭吊、婚礼、寿庆、落成、开业、剪彩、宴会、迎宾、送宾、揭幕以及其他各种庆典等。

礼仪演讲常用的语体为贺词，诸如欢迎词、祝酒词、答谢词等。

礼仪演讲的特点主要是内容大多表示祝愿，以礼节性、客套性的辞令为主，要求致辞者真挚诚恳，充满感情，以礼相见，其辞令、表情、动作、语调等必须合乎礼仪规范，适应具体交际情景，语言精练简洁，而且生动活泼。

礼仪演讲最忌教训口吻，大发议论。否则，就违背了礼仪要求，使致辞不伦不类，影响现场效果。

以下是礼仪演讲词例选。

例 9. 礼仪小姐决赛场上的一分钟即兴演讲。

各位嘉宾，各位朋友：

你们好！此时，面对大家，我真的有些紧张。我在想，你们能够接受我吗？

我是一名医学硕士研究生。传统观念里，人们常常把研究生和书呆子联系在一起。在这里，我要用自己的行为告诉大家：研究生同样有美的理想、美的追求，同样热爱美的生活。作为一名未来的医生，我从未后悔过对救死扶伤这一崇高职业的选择；作为一名现代女性，我更珍视拥有充实多彩的人生。

在此，我要用敢于参与的实际行动来证明：春城的小姐不都是花瓶，而我们女硕士研究生也不都是书呆子！

例 10. 某婚礼司仪的致辞。

各位来宾朋友们：

长沙大厦的邓红岸小姐与湖南教育学院的廖树帜先生的婚礼现在开始！

请各位朋友记住 1992 年 1 月 12 日这个特殊的日子，因为这个日子将一对新人呈现在你们面前。在有着五千年文明历史的中国，“12”历来是一个吉祥幸福的数字，今天天公作美，和风吹拂，细雨润心。在这风调雨顺的花季中孕育的爱情、缔结的婚姻何愁不倍加美好呢？

生我者父母。今天在座的就有这对新人的父母。为养育这对新人，他们费尽十二万分的辛劳。现在让新人向父母大人三鞠躬，十二万分感谢父母的养育之恩，并祝四位老人健康长寿。

助我者朋友。过去的日子里，在座的各位朋友曾经给予这对新人许许多多无私的帮助，他们两人在这里要向大家表示十二万分的感谢！现在和未来的时光里，他俩仍希望得到各位朋友善意的批评和教导，真诚的提携和奖掖。现在请允许这对新人向各位朋友三鞠躬。

升华靠我们自己。命运始终掌握在自己手中。现在请新人互拜，祝愿对方以百米冲刺的速度去超越前人，超越自我！

“但愿人长久，千里共婵娟”，这仅仅是一种良好的祝愿。这种良好的祝愿将在他俩身上得到实现：试看人长久，婵娟千里共！

现在，请各位举杯，为这对新人的十二万分幸福干杯！

第五节　交际礼仪语言的应用要求

一、交际礼仪语言的灵魂是礼

我们已经了解，交际礼仪语言是公关交际活动的润滑剂和清洁剂。它可以促进联络、净化人际关系，巩固和发展公关情谊。在日常交际或重要的公关交际活动中，我们要多用谦词、敬语和十字礼貌语，在具体交际过程中，人不分男女尊卑，交不讲初来深往，都应以礼待之，做到话中有礼，礼不离话，用高尚的、纯净的言辞为自己和自己的组织树立良好的公关形象。假使以“我不注意小节”为由忽视交际礼仪语言的运用，那无异于在公共关系的漫漫长路上设下了路障。从公关需要的角度来讲，这是不允许的。

为使公关交际活动顺利进行，交际礼仪语言必须重礼讲礼，这是基本保证。

二、尊重交际对象的特点

交际对象有着各自不同的具体特点，如年龄、性别、职业、职务、心理、文化素养、风俗习惯、特殊禁忌等，因此，我们不论是在群体交际还是个体交际中，必须对公关交际的语言形式进行最佳选择，要分清对象，出言有别，不能千篇一律地讲着始终不变的几句话。在对内和对外的各种交际中还要注意民族风俗、文化背景、角色关系，只有这样，谈话才能得体，交际才能有效。李鸿章曾因违背这个要求而被美国人控告，事情是这样的：李鸿章出访美国，宴请当地官员，宴前他致祝酒词，说了一段客套话："我们略备粗馔，没有什么可口的东西，聊表寸心，不成敬意，请大家包涵……"，结果承办宴席的美国老板误认为李鸿章故意败坏他饭馆的名誉，提出控告，要求李鸿章赔礼道歉，公开挽回影响。

李鸿章的这段话在中国是不会引起非议的，可在美国就不行了。如果中美双方都注意到了对方的民族习俗、文化背景以及角色关系，就不会引出这场官司。

尊重交际对象的特点意味着要尊重他人的特殊忌讳，说话要从群体全方位出发，注意特殊对象的心理需求，以免酿成公关交际活动的消极因素。说话人要主动、诚恳地保护那些有特殊忌讳的交际对象。

在礼仪语言交际中切实尊重不同对象的不同特点，就是敬重人、以礼待人的具体表现。

三、遵守交际礼仪语言规范

在我国的礼仪语言中有一套专门的礼仪用语，如用于庆典场合的祝贺语中就有很大一部分是约定俗成的固定形式。社会历史发展到当今时代，仍有生命力的文明礼貌专用语还是可以继续使用的。但是，盲目保守、全盘沿袭，开口就是“先生台甫”，闭口就是“在下告辞”之类的话，是现代交际所不需要的。所以，我们在遵守交际礼仪语言规范的基础上，必须对传统交际礼仪语言进行过滤和选择，严格选用那些使用价值高，适合现代交际，利于发展公关事业的语言形式，决不可粕精不分地照搬照说，尤其是对外交际，更要注意语言的现代化、公众化。

四、礼仪语言交际必须庄重谦虚

得体的态势语可以使有声语言的交际作用更加富有表现力。很难设想，一个轻浮、狂妄的人如何能够胜任公关交际工作。我们知道，仪态庄重、文明谦虚是礼仪语言交际的两个重要辅助因素，有了它们，才能保证在具体的礼仪交际实务中为人和气、诚恳，出言彬彬有礼，不会信口开河、夸夸其谈，更不会藐视对方、恶语伤人。我们只主张对那些居心叵测、蓄意刁难、恶言伤人的论敌针锋相对，严厉反驳，以维护自己或本组织的正当权益。

五、礼仪语言交际必须机敏善变

在公关交际中，我们随时可能遇到意想不到的问题，如在业务洽谈、专题论辩、协约磋商、外交谈判等公关交际活动中出现岔题、转题、非难、苛求等种种现象，就需要我们随机应变、相机而言，即使是做了充分准备，组织严谨的谈判、辩论也不可能尽在把握之中，往往会引起激烈的舌战，这时我们就要加强控制，促使语言势头朝着有利于自己的方向发展。更值得注意的是，在机敏应变、妙言百出的现实交际中，也必须使用文明礼貌语言。例如，买卖双方洽谈丁二醇价格时，买主忽然插进一个刁题，说："贵厂生产的是丁二醇还是丁炔二醇？"买主的话题很明确，即该厂的丁二醇没有脱炔，质量名不副实，应该降价。卖主针对买主的企图，妥善给予应对，说："我厂的丁二醇和丁炔二醇已标定两种价格，请问贵先生，您要的是什么？"这样就能够把买主的言外之意控制起来，避免超越洽谈界限，搅乱既定程序。卖主在买主的挑逗性发问之中，照常使用礼节性、相容性的交际语言，只是温和地提出一个问题，让买主思考，使之知道发问离题很远，而且有伤和气，不利于双方贸易来往的正常发展。在这种出乎意料的突然发难面前，依然热情不减、以礼相待，真正反映了厂家商务人员礼仪语言交际的可贵本色。

习　题

一、回答下列问题

1. 什么是交际礼仪语言，它有哪些特点？

2. 交际礼仪语言有哪些作用？

3. 我国有哪些常用尊称和敬语，谦称和谦语？

4. 什么叫巧作委婉？在语言交际中怎样巧作委婉？

5. 什么叫夸赞？它有哪些基本技巧？

6. 礼仪演讲适用于哪些场合？有哪些具体要求？

7. 运用交际礼仪语言有哪些基本要求？

8. 什么叫态势语？它包括哪些内容？

二、写一篇礼仪演讲词（祝词、谢词均可，要求不超过600

字）

三、对话技巧测试

1. 甲说：小姐，您是哪所学校毕业的，每月拿多少工资？

乙答：

2. 甲说：先生，你打破了我店的玻璃，这是破坏公物的行为，要从严罚款。

乙答：

3. 甲说：她不服从安排，硬要到那个单位去，这有什么办法呢？天要下雨，娘要改嫁嘛！

乙答：

4. 甲说：卖票的，你太健忘了，为什么三次查我的车票？

乙答：

5. 甲说：喂，服务员，我的茶杯里有头发，怎么搞的？快给我换一杯！

乙答：

6. 甲说：令尊多大年纪了？他有哪些遗产可供后代继承？

乙答：

7. 甲说：三田信子，请您住在 4 楼第 4 号房间。

乙答：

8. 甲说：有一个人做报告，把“生活越来越好”说成了“生活越来越差”，要当即更正，你说怎么办？

乙答：

四、举例练习

1. 反夸式夸赞三例。

2. 妙答三例。

3. 节目主持人串词一则。

五、模拟训练

1. 人物安排

(1) 两个招聘主持人；

(2) 三个应聘人（业余节目主持人）。

2. 模拟试题

(1) 微笑动作；

(2) 唱一支民族歌曲；

(3) 回答现场提问；

(4) 模仿记者现场采访；

(5) 三分钟演讲。

3. 现场要求

(1) 突出交际礼仪语言的运用；

(2) 当场被录用的应聘人致谢词（不超过 1 分钟）。

第五章　日常交际礼节

第一节　日常交际礼节的基本内容

礼节是礼貌、修养、品德和风度的具体表现形式，其核心是尊重和友善，即社交活动中对他人表示敬重和友好的言行规范。人们在长期社交活动中，逐渐形成了一些公认和惯用的交往规则，构成了礼节的具体内容。下面介绍日常交际礼节的基本内容。

一、见面时的礼节

1. 介绍

见面是交际的开始，了解是沟通的前身，介绍是日常交际中相互了解的基本方式，主要包括介绍他人、自我介绍和他人介绍。

（1）介绍他人。介绍他人时，有一个基本原则，即把别人介绍给你所熟悉或尊敬的人。因此，在介绍时，首先把年轻者、男子、未婚的女子、资历较浅者，介绍给年长者、女子、已婚的女子以及资历较深者，之后，再向另一方介绍。介绍姓名时，口齿要清楚，介绍的内容要实事求是，掌握分寸。

（2）自我介绍。在交际场合，如果想结识某人，一个简单而又有效的方法就是自我介绍。介绍时要面带微笑，先说一声“您好”，得到回应后再向对方介绍自己的姓名、身份和单位，同时递上自己的名片。介绍时，态度要谦虚，语言要得体。

（3）他人介绍。在交际场合，如果想结识某人，除了自我介绍外，还可使用他人介绍这一方式。做介绍的人一般是主人或朋友。当别人为你介绍时，要面带微笑、点头致意。待介绍完毕后，通常应先握一握手并说“您好”“幸会”之类的客套话，后面还可轻声重复一下对方的姓名或别的称呼。

2. 握手

握手是在社交场合中，相互见面和离别时，以及在相互介绍时表示热情、礼貌、致意的常见礼节。

握手有先后顺序，应由主人、年长者、身份职位高者、女性先伸手。客人、年轻者、身份职位低者和男性见面时先问候，待对方伸手后再握手。多人同时握手时，注意不要交叉，待别人握完再伸手。军人戴军帽与对方握手前，应先行军礼，然后行握手礼。

握手必须有正确的姿势．行握手礼时，应上身稍稍前倾，两足立正，伸出右手，距离受礼者一步，四指并拢，拇指张开，礼毕后松开。握手时，双目注视对方，面带微笑，切不可东张西望，漫不经心。

握手还须掌握力度问题。一般情况下，握一下即可，不必用力。久别重逢的朋友握手力度可大一些，还可上下摆动，以示热情。男子与女子握手时，往往只微微握一下女子的手指部分即可，切忌将女子的整只手握在手中。

与人握手时，对方有时会伸出双手紧握着你伸出的手，这表示对方情感的真挚和热烈，遇到这种情况，你也应伸出另一只手加握，以示回应。如果双手紧握着对方的手，对方全无回应，就应撤回左手，否则，就会有失风度。

遇到特殊情况，则应灵活掌握。例如，如果对方手里拿着东西，不可主动上前握手，否则，对方将十分被动。又如，别人主动向你伸手，而恰巧你在干活，手很脏，你可点头致意，摊开双手表示歉意。

3. 递接名片

在初次见面时，一般都会相互赠送名片，而递接名片也须掌握一定的礼节规范。

递接名片时最好用双手；或右手递，左手接。名片的正面应向着对方。接过对方的名片应点头致谢，不要立即收起来，也不应随意玩弄和摆放，而应认真读一遍，最好将对方的姓名与主要职称、身份轻声读出来，以示敬意，然后将名片置于上衣靠心脏部位的口袋中，象征自己对对方心怀敬意。切忌当着对方的面，将名片置于存有许多名片或者文件的袋中，这样会给人一种“茫然众人矣”的印象。

双方事先约好的面谈，或介绍人已经为双方做过介绍时，不一定要忙着交换名片，可在交谈结束、临别之时再取出名片给对方，以加深印象，并表示保持联络的诚意。

二、约会的礼节

约会是公关活动的重要组成部分。公关人员为了解各种信息和动态，要经常与有关人员进行个别沟通。这里所讲的约会不仅仅限于男女恋人之间的约会。

1. 提出约会

约人相会最基本的原则是选择对方认为是恰当的时间和地点。这一原则要求提出约会前，必须了解对方的爱好和习惯。只有这样才会尽可能地避免被对方谢绝，使自己陷入尴尬的境地。

提出约会要讲究技巧。提出约会的最佳时机是在不能让对方为难，或者即使提议被对方拒绝，自己也不会太难为情的情况下提出。至于约会的方法，既可以用电话联络，也可以写信或当面提出。

2. 答应、拒绝或取消约会

面对对方提出的约会，回答的方式只有两种：要么答应，要么拒绝。无论哪一种回答，都要讲求一定的礼仪规范，否则会弄巧成拙，破坏两人的交情，更有甚者，会影响公关人员的工作，使工作陷入困境。

如果答应约会，就要按时赴约，没有特殊情况不要失约。这就要求在安排约会时间时，尽可能要有回旋的余地，不可将时间定得太死。一旦约会时间定下来，被约一方应竭尽所能，力求提前或按时到达约会地点。如果因特殊情况没有按时赴约，见面后一定要道歉，主动向对方说明原因。对于销售人员来说，如果不能按时赴约，也就意味着一切都已经结束。

拒绝约会，要讲究一定的拒绝艺术。要尊重对方的自尊心理，礼貌地谢绝或另外约定时间。拒绝一事，不要向别人张扬，这也是尊重对方的表现。

临时有事而不能如期赴约，则要早些告诉对方取消约会，还应告之以充足理由。如有可能，还应预定下次约会时间。

三、探望病人的礼节

挚友、家人、同学、同事、领导生病时，去医院看望他们，乃是人之常情，也是社交的重要内容。这样彼此可以加深了解，增进感情，使病人及其亲属得到精神上的安慰。

1. 探望病人之前的必要准备

首先，在决定探望某个病人之前，要了解一下病人的病情；病人所住的医院、病区、病床号及医院探视病人的时间，以免给自己造成不必要的麻烦。

其次，要准备一些物品送给病人。这些物品主要包括书刊、鲜花、水果和其他食品等。慢性疾病患者，有看书、看报的可能，其本人也有这种需要，如能送去一些轻松、有趣的书刊等，一定很受病人的欢迎。

鲜花是吉祥、友谊、美好、幸福的象征。它能给人以美感，给单调的病房生活带来新鲜的生活气息，使病人得到精神上的调剂和享受，因此，探病时一束鲜花也是十分理想的礼品。但是，送花必须注意场合和含义。慰问病人可以选送下列花卉：深红色的天竺葵（象征安慰）、松雪草或山楂（象征希望）、紫罗兰（象征青春常驻）、睡莲（象征心中纯洁）、棕榈（象征胜利）等。同时还可根据病人所患疾病的性质和类型，相应地购买一些水果和其他食品去探望。

2. 探病中不可忽视的细节

如果去医院探望病人，要遵守医院的规章制度。进病房时要注意安静，脚步尽量放轻，不要大声喧哗。看到病床周围的医疗器械或病人的面容，不要大惊小怪，以免给病人增加压力。与病人谈话，态度要谦和温柔、亲切热情。交谈中应始终让病人处于主导地位，让其多谈，不要自己夸夸其谈。要乐观、有分寸地鼓励、宽慰病人，不可提及使病人不愉快或伤害病人自信心的话题。

在探望病人时还要掌握好时间。逗留时间过短，会使病人觉得你敷衍了事，但时间太长，又会使病人过分疲劳，特别是病人有更亲密的朋友或亲属在场时，探病者应早些结束探望，以免影响他们之间的谈话或者妨碍病人及其家属休息。

第二节 日常交际礼节的情感效应

一、情感

通常所说的情感，是人们对客观事物的一种感受或体验，属于人们的一种心理过程和状态。情感作为人们对客观事物的反映，所反映的并不是客观事物本身，而是人们的需要与客观事物之间的一种关系。一个处于极度悲伤之中的人需要安静时，最动听的音乐、最美丽的景色也不会引起他的兴趣。但是，在劳累之后的闲暇时光，人可能会对欣赏优美的乐曲或美丽的景色特别感兴趣．因此，客观事物是否能引起人们的情感体验，是以人们的需要为前提的。

人的情感是很复杂的，我国古代就有七情六欲之说，但其表现形式却可以归纳为最基本的两类：肯定情感和否定情感，或者说是积极情感和消极情感。无论是肯定情感和否定情感，如热爱、快乐、满意和憎恨、悲哀、失望等，还是积极情感和消极情感，如活跃、英勇、兴奋和沉闷、胆怯、沮丧等，都是相互联系的，并能在一定条件下发生转化。

二、情感效应

人的内心情感的调节主要依靠自身的力量，依靠自己的理想、意志和思维等因素。但是，这并不排斥外在因素对内心情感的调节作用。他人的安慰、理解、劝导，常常能帮助自己的情感从反常状态恢复到正常状态。正因为如此，人们总希望通过与他人的情感交流使自己的内心情感得到更好的调节。

通过以上叙述，情感效应的概念可概括为：个人在与他人交往接触时，对于他人情感移入的一种反应效果。情感效应有正、负两种效应，正效应指的是由于肯定情感的移入，增大了对方肯定情感的强度或促使对方由否定情感转变为肯定情感；负效应指的是由于否定情感的移入，使对方产生否定情感或由肯定情感转化为否定情感。

三、日常交际礼节的情感效应

“感人心者，莫先乎情”。日常交际中，情感要求要比事务交际和理论交际显得更为突出。因为日常交际无非是互相问候或互表庆贺慰问之意，主要是表示对某一事务的情感态度，并与对方进行交流。交际对象所关注的，不是某一具体事务，而是对方在问候、庆贺和抚慰之中所表现的情感态度。

“动之以情”是情感效应的“敲门砖”。而情感的表露则要依赖于人们的一言一行。正因为如此，我们在日常交际的种种细节上都要注意这一点。

在见面介绍时，我们强调微笑。因为微笑和板着脸会产生两种截然不同的情感效应。微笑着向交际对象说这样的话语，如“我喜欢你”“我是你的朋友”“相信你”，交际对象就会产生情感正效应，与我们之间的距离就会很快缩短。而板着脸则会使交际对象感到我们不愿与他交朋友，认为我们不信任他。这样，交际对象产生的就是情感负效应，从而与我们拉开距离，甚至离我们而去。

在行握手礼时，我们强调双方要双目注视对方，不可东张西望。为什么呢？也是同样的道理。双目注视对方，意味着我尊重你、我愿意与你交朋友、认识你我感到十分荣幸；而与对方握手时，东张西望，则会使对方觉得深受侮辱，产生“他不信任我”“他看不起我”“他之所以与我握手是碍于介绍人的面子”的想法。或许，正因为没有注意到这一细节，从此就会结下一个仇人，这对我们的事业发展是不利的。这种例子在中外历史上举不胜举。

当朋友生病时，去医院看望他们的目的在于彼此加深了解，增进感情。但是，如果不注意探病时的一些细节，如距离病人远远而坐，好像生怕被传染似的，则会起到相反的作用。这样，不仅没有增进双方的感情，反而会使双方的感情出现危机或断绝来往。

第三节　日常交际礼节的公关色彩

在公共关系事务中，人与人之间的交往具有较为独特的性质，即作为某一组织的代表同另一组织的代表交往。它同时体现着两类交往关系——个体交往和组织交往的关系。日常交际不仅体现了个体交往，而且在一定程度上体现了组织交往，使日常交际礼节具有较强的公关色彩。

一、塑形作用

所谓塑形作用，就是指塑造组织形象的作用。组织形象是组织在公众脑海中的印象。树立良好的组织形象，是公共关系的主要职能之一，而良好的人际交往则是树立组织良好形象的直接手段。个体在交往活动中表现出的礼貌、态度、知识修养等，往往直接影响到对方对该个体所代表的组织的印象。因此，富有魅力的个人形象有助于塑造组织的良好的公共关系总体形象。

二、桥梁作用

公共关系中人际交往的二重性特征往往并不是同时发生作用的，有时是由组织交往关系开始，逐渐产生融洽的个体交往关系，有时则是由个体间融洽的交往关系导致组织交往关系的产生和发展。个体间融洽的交往关系的建立完全依赖于日常的交际。个人与个人之间深厚的友情和长久的交往包含着彼此深厚的信任，它能增加双方对对方所代表的那个组织的信任度，从而为公共关系事业铺路搭桥，起到公关人员按正常工作顺序所不能起到的作用。

三、传播作用

现代科技的发展为公共关系事业提供了诸多快捷而又有效的传播工具，如报纸、杂志、电视、电影、广播等。但在人际交往过程中，人与人面对面进行的传播与沟通能收到其他传播媒介所难以收到的效果，在一些条件下甚至可以完成其他传播媒介无法承担的工作。有资料表明，人们对亲友间的宣传游说的信任度在70%以上，而对其他传播媒介的宣传只会相信30%左右。

四、培训作用

人们对基本工作技能的掌握无不受到人际交往的影响。公关人员在不断与人交往的过程中，既可以经受实践的锻炼和考验，提高专业素质，又可以不断深化对生活、事业及生命本身的认识和理解，使公共关系事业向更加兴旺和更高水平发展。

第四节 日常交际礼节的正确运用

人与人之间的交往是一种挑战，可是许多人在这种挑战面前都遭遇了失败。

美国人际关系学者阿尔伯·爱德华·威根在他的研究报告《探索你的心理世界》中指出：在一年内失去工作的4 000名职工中，只有10%的人是因不能胜任工作而被开除的，其余的90%都是因为不能很好地处理人际关系而被解雇的。

因此，我们应该掌握人际交往礼节的正确运用，特别是日常交际礼节的正确运用，使其能够促进我们事业的成功。

一、做一个受欢迎的人

受人欢迎的全部秘密在于满足别人的需要。如果能根据别人不同层次的需求，设身处地为他人着想，尊重他人，让他人感到自己是重要的，那么，他人就会感到你的友善，从而感到生命的美好，你也因此成为最受欢迎的人。这正如古人所说：投之以李，报之以桃。

当代美国著名的人际关系专家莱斯·布吉林经过多年的研究和实践，发现了受人欢迎的三大秘诀——接受、重视和赞成。因为这三个词语的英文首字母皆为A，因而被称为“三A法则”。

1. 接受

接受别人，同我们渴望别人接受自己一样，是非常重要的。

要接受别人，关键是要有一颗包容的心，要能忍受别人不合理的行为和各种令人不顺心的情况，学会欣赏并接受不同的生活方式、态度、文化、种族、年龄和长相。不要事事都责备他人，要像孔子所说的那样："礼之用，和为贵。"

2. 赞成

赞成比接受更进一步。赞成是指在忍耐他人错误和缺点的基础上，在他人身上发掘优点。这些优点也许是微不足道的，但是我们要善于发现它，并且真诚地让他人感到我们喜欢这些，这样一来，他人就会高兴。他人在尝到被人赞美的甜头后，便会开始改变自己的不良习气。赞美能激发人的潜能，改变人，塑造人，这种神奇的效力为人际交往增添了积极而美好的内涵。

3. 重视

我们总喜欢与那些看重我们的人为伍，而对贬低我们的人避而远之。为什么呢？因为我们同他人一样，需要被关注，需要被尊重。因此，与他人交往时，我们要让他人知道，我们看重他，他是重要的，否则，我们就不会受到欢迎。

在人际交往中，有许多言行可以体现对他人的重视。例如，记住别人的名字，在交际场合，叫他的名字，他会觉得这是最悦耳的声音。为什么记住并能叫出别人的名字具有如此大的魔力呢？原因在于，名字在这时已不再是一个记号，而是他人的一个象征。我们认真地记住并热情地叫出他的名字，表明了我们对他的重视和尊敬。

二、展示自己的魅力

魅力可分为外在魅力和内在魅力两种，外在魅力主要指外貌的俊美，服饰的适宜，言谈的优雅，举止的得体。而内在魅力包括良好的气质，丰富的学识，出众的才华，高尚的品德等。要展示自己的魅力，应从追求外在魅力和内在魅力两个方面努力。关于外在魅力，本书其他章节已作分析，这里不再重复。下面主要介绍内在魅力。

1. 自信乐观显活力

自信是人的意志和力量的体现，是交际能力的重要素质之一。自信犹如头顶的朝阳，使人光彩照人，魅力四溢。一个自信的人发自内心的自信的微笑，显示出他对生命的美好感觉和不可战胜的力量，使人感到他的可依赖性。

自信的人才会乐观，才会笑对人生，才不会自我封闭，自寻烦恼，他会积极、主动地与人交往，在交往中完善自己，发展自己。乐观好比是一种愉快、清新的空气，会使朋友沐浴在美好的情绪之中。

2. 注重品德施爱心

审事处世，待人接物，不仅要有良好的风度，而且要能体现自己高尚的道德情操和优秀的品质修养。既要坚持原则，又要宽容待人。遇事要分清主次轻重、是非善恶，深明事理，识大体，顾大局，该坚持的一定要坚持，但不要拘泥小节，有时可做必要的妥协和退让。对他人要宽容、善良，允许他人与自己的看法和做法不一致。他人侵犯了我们的利益，若无碍大局，就要适当原谅。

要有爱心，助人为乐。关心、支持和帮助别人是一种美好的品质，当别人需要我们帮助的时候，应毫不犹豫地伸出友谊之手，热心助人，使我们与别人和谐相处，促进社交成功。

要诚恳谦虚。待人要诚恳，表里如一。诚恳能赢得别人的信任和尊重。“满招损，谦受益”，不因对他人有所帮助而自夸，不因比他人技高而自大，不因比他人能力强而自傲。谦虚能使我们赢得更多的朋友。

3. 才华横溢促社交

才华受人喜爱和羡慕，这是因为它不仅能够使生活变得丰富多彩，而且能够体现人自身的价值。在社交场合中，一个才华出众的人总能够受到人们的瞩目，在人们眼中显得格外有魅力，往往比一般人更容易取得社交的成功。这就启示我们：培养自己多方面的爱好和兴趣，丰富自己的学识，增长自己的才干，是促使自己取得社交成功的一个有效途径。

三、正确运用时间

时间是人际交往的环境因素。从表面上看，时间是无形的，人们在交往中似乎没有意识到它的存在，但是，它的潜在影响和作用，有时可以决定人际交往的成败。事实上，人们都在自觉或不自觉地运用时间来进行交往，以表明对他人的态度和与他人的关系。因此，要正确运用时间。

1. 要尊重别人的私有时间

任何人都有自己的时间区域，在自己的这段私有时间内，干自己的事，不希望他人打扰，不愿接受他人的约会、邀请。如果有人不顾这一事实的存在，企图占用和花费他人的私有时间，就会造成他人的不愉快和不满，乃至厌恶、愤怒，从而导致双方交往关系的恶化。因此，要充分尊重他人的私有时间，在他人的私有时间内不要打扰他人。如果在此期间，确有必要而不得已要劳烦他人，应首先真诚地向他人道歉，以取得他人的谅解，缓解他人心中的不快。

2. 在正常交往时间内交往

在茶余饭后、节假日等对方闲暇之时，若与对方约会、进行访问或主动邀请对方，则易于因对方心情舒畅、环境和谐而加深彼此的理解和交情。如属工作上的一般交往，则可选择在对方正常上班时间内，这样往往有利于提高双方的工作效率。

3. 在特殊交往时间内适时交往

同欢乐，共患难，这是朋友间交往的一个基本准则。当对方在事业上取得成功，或遇有婚嫁、添子、乔迁之喜，这是极好的交往时间，应适时、适度地表示祝贺，共享欢乐；当对方事业上不如意，生活中又遇到困难、挫折、灾祸时，应尽快给予理解和关心，帮助对方克服困难，摆脱痛苦，战胜挫折，鼓起勇气。俗话说“饱时给一斗不如饿时给一口”，抓住时机，真诚相助，则能增强对方对我们的感激之情和双方之间的友情。

4. 准时赴约，不要让别人久等

迟到、不准时赴约，是对他人的一种不尊重行为，会引起对方的失望和不满。如果我们希望在愉快的气氛和情绪下进行交往，那么切记：不要迟到，更不能让人久等。

5. 把握交往频率和交往时间

一般情况下，交往越频繁，就越容易建立交往关系，彼此相悦的程度也就越高；交往历史越长，了解就越深；每次访问，相聚的时间越长也就越有利于交往。当然，我们要具体问题具体分析，灵活机动地把握交往频率和交往时间，使它有利于我们事业的顺利发展。

习　题

1. 日常交际礼节有哪些基本内容？各种礼节应注意哪些规范？

2. 什么是情感？什么是情感效应？试举例说明日常交际礼节的情感效应。

3. 试述日常交际礼节的公关色彩。

4. 如何正确运用日常交际礼节？谈谈你对日常交际礼节正确运用的看法。

第六章　办公室人员的礼仪

办公室是办理公务的场所。机关、团体、企事业单位尽管从事的业务范围不同，但是赢得公众以实现组织的目标这一点却是共同的，因此，办公室的交际属性十分突出。可以这样认为，办公室人员必须处理公共关系，公关人员又常常在办公室里办公，既然这样，懂得并谨守办公室的交际礼仪也就显得特别重要。

第一节　办公室的交际特点和作用

办公室的交际十分广泛，但它又不同于其他场合的交际，这是因为办公室的工作环境和性质与其他公关场合不同，下面将从办公室的交际特点和作用两个方面进行探讨。

一、办公室的交际特点

1. 交际对象的特定性

办公室工作人员面对的公众是特定的，这种特定性表现在两个方面：其一，一个单位有很多不同的办公室，这些不同的办公室各司其职，由于职责范围的限定，一个办公室所要处理的公务是特定的，例如，负责人事的办公室决不会处理广告策划部门的设计，同样，广告代理商也不会冒昧地跑到人事办公室拉广告；

其二，因为上述原因，不同的办公室所交际的公众对象也是特定的，一般来讲，同某一办公室交际无非是出于两方面的原因，要么是职务的原因，如上级到办公室了解情况等，要么是利益紧密相关，如在办公室接待订货客商等。

交际对象的特定性要求办公室人员熟悉本办公室的业务，否则，在交际中一问三不知，就等于是让人吃了闭门羹。

2. 交际礼仪的人情味

时下，办公室人员在办公室与人交际时，纷纷以“一把椅子诚心，一杯茶水暖心，一声问候宽心”来规范自己的言行，这说明情感的参与使交际礼仪更具有深刻的内涵。办公室工作人员在单位所接触的内部公众是基层和一线的员工，因而切忌高高在上，给人看冷面孔，让人坐冷板凳，人家是来办事的，办公室人员只是提供服务，热情服务是办公室人员必须恪守的要点。对外，办公室要代表组织同外部公众交际，办公室人员充满人情味的礼仪行为常常会给人留下深刻的第一印象，这对组织形象的塑造十分重要。

3. 交际行为的随机性

办公室人员各有各的公事要办，例如，搞财务的要编制报表，文员要处理文件，搞好自己的本职工作是自己的任务，但是就在你正忙着自己的工作时，有人来到了你的办公室，你是继续忙自己的工作，还是主动地与来人进行交际，这就体现了你的素质，你的行为也就关系到组织的形象和利益了。中国有句俗谚“来客不搭理，主人没道理”，作为单位的办公室人员，应该明白，公众出现在你的办公室里，你便是主人，即便手头的工作再多，也要热情主动地接待来人，哪怕他要办理的事情与你的职务完全无关，也要首先承应。政府部门推行的“首办责任制”，要求办公室人员对于登门造访的公众谁先接待，谁负责处理，不能处理的，介绍或引领到相关部门处理，决不能对来人不理不睬，拒人于责任之外。

一个电话，一封信函，一位来访公众，在办公室里是随时都会出现的。处理这些事情，也就是在处理组织的公共关系，也是办公室人员分内的事情，处理这些随机性很强的事情，必须善于交际，谙熟礼仪。

二、办公室礼仪的作用

“吐哺握发，天下归心”，讲的是西周的周公待客有礼而赢得天下贤士归依的故事，历来被传为佳话。现代许多企业在办公室里专门设置了接待客人的沙发，表明了办公室功能的增加。所有这些都说明了办公室礼仪的作用不容忽视。

办公室礼仪的作用主要有三个方面。

1. 窗口作用

礼仪行为展示了文明的程度，办公室人员通常由单位中比较优秀的员工组成，特别是企业，更是如此。如果办公室人员言语粗俗，待人傲慢，那么，这个单位员工的整体素质就可想而知了。海尔集团驻各地的维修部门十分注重办公室人员的礼仪规范，走进他们的办公室就会受到主动亲切的迎接，告别的时候，他们会就顾客所咨询的问题送给顾客相关的资料和用于联系的通讯卡片。海尔就是通过这些点点滴滴的待人以礼的行为，在公众的心目中建立起现代文明企业的形象的。

2. 净化作用

办公室作为办事机构，工作千头万绪，问题反映到办公室来，必然有些棘手，例如，顾客对质量问题的投诉、劳资双方的矛盾、社区公众对企业的抱怨等，如果不能心平气和，只能是火上浇油。面对这些问题，如果能够彬彬有礼，那么对方的火气就会先消一半。俗话说“伸手不打笑脸人”，可见，礼仪行为对于消除对抗、净化交际环境有着极其重要的作用。

3. 示范作用

就内部公众而言，办公室人员常常被人称为白领阶层，就这一阶层而言，知识是他们的优势，他们的言行因为知识和教养而被人们效仿。此外，从他们所处的地位看，他们多处于组织的中上层，组织核心领导层的意图和决策通常经由他们得以贯彻执行，因此，他们表现出的风范最容易成为一种主流的意识，影响到员工。基于这样的原因，办公室礼仪就显得尤为重要，它关系着企业文化发展的趋势和方向。榜样的作用是无穷的，办公室人员决不可等闲视之。

第二节　办公室工作礼仪

一、上班

1. 上班要准时

经常在上班前最后几分钟闯进办公室的办事员是不合格的。

2. 衣着整洁

应穿着便于工作、与工作环境协调的整洁服装，不要邋遢、随意，更不能摆酷，求另类。

3. 向同事问好

遇到同事时，要互相问好，不要一声不吭。

4. 向上司问好

对待上司不必谄媚，但是也不要忘记给上司精神饱满地、响亮地问声好，这样，上司一定会心情舒畅。

5. 迟到时道歉

迟到时，不要先为迟到辩解，而要直率地道歉。被问及迟到的原因时，应说明原委。

6. 缺勤时的礼仪

事先知道要缺勤时，应在前一天得到上司的应允。突然因事缺勤也应用电话与上司联系。

二、工作

1. 主动打扫卫生

不应互相推诿而应主动进行。被动地打扫虽然花了同样的气力，但却会让人皱眉。

2. 关心同事

主动泡茶，给他人送去温暖。

3. 整理办公桌

将办公桌弄得乱糟糟的，会使人觉得这个人的工作也一样杂乱无章，这样的人是没有资格当办事员的。

4. 切忌擅自借用他人办公用品

不应擅自借用他人办公用品，尤其是长时间使用后据为己有，如铅笔、胶水、剪刀等不起眼的小物品。

5. 备好记录纸与削笔盒

备好记录纸和放铅笔屑的盒子，为工作忙的时候做些记录提供方便。此外，削笔盒的准备也很重要。

6. 入乡随俗

应该按照办公室的情况摈弃自己的各种不适应工作的习惯。

7. 严格按日程执行计划

今日事今日毕，严格按日程执行工作计划，主动找工作做，总是让工作来找自己的人是不可能做出成绩的。

8. 按分工做事

不要插手他人分管的工作，帮助别人干是可以的，但不能大包大揽。

9. 培养合作第一的精神

企业规模越大，合作就越重要，工作是大家配合进行的，只有不忘记这一点，一切才能正常运转。

10. 麻利地处理一切事务

对工作不要挑拣，无论干什么都应热情对待，麻利应对。

11. 不要随便放弃工作

随意放弃工作是不应该的，无论什么事都要努力争取最好成绩，这对人的成长极为有益。

12. 工作时切忌聊天

瞎聊天来消磨工作时间无异于偷盗工资。

13. 私事莫劳他人

这是最明白不过的道理，也是公私分明的一个标准。

14. 个人不要使用公司的信笺

如果个人使用公司的信笺，会被人由此误解为“这是个万事公私不分的家伙”。

15. 外出申明去向

外出时应说明去处和回公司的时间，以便出现急事时，同事可及时应对。

16. 访问其他公司时要做好准备

访问前要领会访问意图并查阅相关资料，以便灵活应对对方的提问。

17. 正确地使用名片

如是公司职员，初次见面时自己应先拿出名片；对来公司指名会客的人可不必送名片；持介绍信访问时，应在传达室或大门口把介绍信和自己的名片一起交给门卫，到了客厅再出示名片是失礼的行为；即使是访问过数次的人，如果对方看上去忘了自己的名字，也要再送一张名片；数人一起访问时，应先由代表送上自己的名片，并说明共有几名前来拜访，待会见时，再向主人介绍其他职员，被介绍到的职员在此时递上自己的名片。

18. 工作报告

报告必须给顶头上司，报告要直截了当、简洁、提纲挈领。上司想听你的个人想法和意见时，应该陈述报告。一般不要越级呈送报告。

19. 保持微笑

好莱坞女演员经常对镜子念“Cheese”，以当作最佳笑容时的唇形练习。美丽的笑容是美好仪态的基础。

20. 切忌工作时打呵欠、哼小调

这是疲软松弛的证据，必须克服。

21. 不要在人背后张望

在人背后张望这人在干什么是最大的不礼貌，外国人对此尤其厌恶。

22. 不要乱用外语

有的人在谈话中喜欢乱用外语，对方听不懂就会妨碍交谈，况且，这种半生不熟的外语还会遭人耻笑。

23. 由衷的服务

一切服务工作如出于伪善故意而为就毫无意义，它应是一种出于高尚品性的自发行为。

24. 狭路相逢时应相互点头致意

在狭窄的走廊中与人迎面走过时，要稍稍侧转身子并向对方轻轻点头致意。

25. 化妆扑粉

化妆扑粉应去盥洗室。

26. 摆弄头发

不要当着别人的面摆弄头发。

27. 上洗手间切忌时间过长

每次超过 20 分钟，而且一天要上多次，这样的人易招致反感。处理完个人问题后应立刻返回。用完洗手间后，应冲洗干净，注意了这一点，自然会受到他人尊重。

28. 不要议论他人

把别人家庭中发生的事当作议论话题是一种坏习惯。

三、下班

1. 不要总是注意时钟

从下班前 30 分钟起就总是看着时钟心神不宁是不雅观的。只有那些不去注意时钟、始终埋头工作的人，才会得到人们的肯定。

2. 下班时应向上司打招呼

比上司早下班时，要向上司告辞说："我先走了。"

3. 下班时的告别语

下班时应高兴地与同事们话别，如"一天平安无事，十分感谢，今天很愉快"等。

4. 下班后不要乱加议论

下班之后不要对公司的事乱加议论。

5. 下班后不要操之过急

下班后争分夺秒地溜之大吉会产生不好的影响，还是要慢一点，要注意不要影响那些独身者的情绪；而且，上司也不喜欢这样的员工。

四、电话

1. 接电话

电话铃响后要马上接，说话要有礼貌。即使是别的办公桌上的电话铃响，也不要劈头先说"喂，喂"，而应该先说"这儿是××公司"。电话铃久响不接也是不礼貌的。

2. 打电话

打电话之前先记下内容要点，在心里将语言整理好，电话接通后不要吞吞吐吐、丢三落四，要讲得简洁明确，使对方容易理解。

3. 不要让对方拿着电话久等

迫不得已，确需对方久等时，要声明"真对不起，请稍候"或"让您久等了"，而且，中间应多次打招呼以示礼貌。

4. 以柔克刚

对方讲话粗野、脾气很大时，不要同样以粗野的话回敬，而应有以柔克刚的涵养。

5. 打私人电话要简短

打电话前应事先准备好要说的话，简洁明了，以免引起别人的反感，特别是恋人。

6. 对上司的称呼

当对方在电话中问道“科长先生在吗”或“某某先生在吗”时，即使这个人是自己的上司，只要是本公司的，回答时也不应称先生，而要回答说“某某现在外出了”或“科长正在开会”等。

五、宴会

1. 不要无节制地纵情狂欢

在公司举办的新年宴会、联欢聚会、慰问旅行中不要不讲礼仪地开怀痛饮，也不要无节制地纵情狂欢。一醉方休是野蛮的习惯，硬给女员工灌酒的行为也是非常不礼貌的。

2. 欢乐之时不忘适度

喝酒、唱歌、狂欢之时重要的是别忘了适度，情投意合的男女不宜离开大伙儿单独活动。

第三节　办公室人员的交际礼仪

一、面对上司

1. 要保持谦虚、谨慎的工作态度

在上司面前应目不斜视，正确站立。接到任务时，应复述确认一遍。

2. 善于克制忍耐

善于克制忍耐的人会给对方留下极好的印象，会因此而受到器重。

3. 坦率地认错

受到指责时应该平静地、坦率地认错，如有误会，待改日有机会时再加以说明。如果自己完全没理，则应在表示歉意后退下。

4. 接受任务时

接受上司委派的任务时，不要当场询问目的地的详细情况，而应在事后由自己去查明。

5. 乘电梯时

乘电梯时，见到上司和来宾，应退一步，请上司和来宾先行。

6. 下达任务时

下达任务时，所做的说明应该简明易懂，同时应适当提示，这是上司对下属职员的礼仪。

7. 运用礼貌语言

认真听取下属汇报，并说一句“辛苦了”以示鼓励、慰问。

二、面对同事

1. 与人协调

只顾自己兢兢业业、埋头工作，而不管他人，工作是不会协调好的。

2. 不要只顾自己讲

“会说的人会听”，只顾自己讲自己的事，不让他人发言，除了口干舌燥之外，可能别无他获。

3. 充分听取他人意见

与同事意见不一致时，不要固执己见，而要充分听取对方意见，这样往往会出乎意料地找到共同点。在任何场合都需要这种气度。

4. 努力寻找妥协点

为了阐明出现意见分歧的理由，应该马上进行交谈，同时还应该心胸开阔，努力发现和尊重对方的任何可信赖之处，这样就可以找到妥协点。实在无法消除分歧时，也不应说不负责任的话。

5. 与同事发生争执时

与同事发生争执时，首先应充分听取对方的意见，让对方自由地、直截了当地说出自己的想法，待认真地全部听后，再把自己的想法谨慎地、冷静地告诉对方。

6. 对方情绪激动时

对方情绪激动时，自己不应跟着激动，如果一时找不到妥协点就不必勉强，可等待下一个机会。同时，自己也需要反省一下，站在对方的立场上设身处地地考虑问题。

7. 切忌争抢功名

争抢功名的心理是不可取的，堂堂正正地尽忠职守、建功立业，这才能够显示出自己的气度。

8. 不要独占功名

工作成绩在许多时候是合作的结果，此时切不可独占功名，适当地谦让是理智的。

9. 尊重前辈

无论关系多么亲密，对前辈的态度和所说的话都应掌握分寸。过分亲昵是不礼貌的，即使在旅行及宴会上也不要忘了前后辈之间的差别。

10. 不要感情用事

做事要客观，不能感情用事。

11. 同事之间的金钱借贷

借钱这件事应该十分谨慎，借了就要还。同事提出借钱要求时，在有充分理由必须拒绝的时候应该学会拒绝。

12. 切忌妄自尊大

即使在许多同事中只有你被提拔，也不要认为这是个人力量所致，而应该感到这是同事们配合、合作的结果，不要忘了谦虚待人，否则，就可能从这一天起丧失个人的影响力，遭到同事们的背弃。

三、待人接物

1. 起立、离席接待来客

接待来客时，应起立、离席，听取对方的来意。

2. 接待来客应热情、和蔼

无论何时都要想到自己是公司的代表，冷冰冰地接待来客会影响公司的声誉。

3. 双手接受名片

没有比用一只手拿着名片应付性地看看更不礼貌的了，面对对方递来的名片，应该双手接受，遇到有念不上来的名字时，可问："真对不起，您的名字应该怎么念呢？"

4. 处理事务麻利、迅速

正确理解来客要办的事，麻利、迅速地加以处理，不怕麻烦，应是接待者的座右铭。

5. 如何对待来访者的同伴

来客有同伴时，应请同伴在合适的地方等待，要注意不要对同伴失礼。

6. 为来客引路

为来客引路时，不要走在来客的正前方，用背对着来客，而应该靠边一点走。

7. 在接待室接待来客

引领来客到接待室后，应将来客所带的东西和衣帽挂放在适当的地方或固定的位置保管，准备好烟灰缸和茶点，并与来客要见的人联系。

8. 快速上茶

上茶时要注意不要把有缺口和裂缝的茶碗拿出来使用。

9. 茶水温度适宜

太烫和太凉的茶水都起不到招待的作用。合适的温度为70℃，浓淡适中，沏入茶碗后，以七分满为宜。

10. 沏茶方法

同样的来客中，应从身份高的开始沏，如不明身份，则应从上席者处沏起。在未给客人沏完茶时，不要给本公司的人沏。客人停留时间略长时，不要忘记续水。

11. 如何送茶

在有茶几的地方，可将托盘置于茶几上，右手送茶；在没有茶几的地方，则应用左手托着茶盘，右手送茶。

12. 如何上咖啡

上咖啡时，应将咖啡杯放在托盘里，杯中放入调羹，双手托盘。咖啡杯的杯柄和调羹柄应向着客人的右边，有西式点心时，应备好叉子。

13. 进屋时必须敲门

进入客人所在房间时必须轻轻敲门，待听到回答时才进房间。

习　　题

1. 试述办公室的交际特点。

2. 试述办公室礼仪的作用。

3. 为什么要提前上班？

第七章　一般服务礼节

服务礼节是指在服务工作中向客人表示敬意的仪式和态度。掌握服务礼节，做到礼貌待人，是我们做好服务接待工作的先决条件。

同时，在日常生活和工作中讲究礼节、礼貌，不仅是对他人的尊重和增进友情的重要手段，而且也是交际活动本身的重要内容，是一个人道德文化修养的直接表现。因此，为做好服务接待工作，为在人际交往中获得主动和成功，学习一些服务礼节，懂得一些礼貌常识，是十分必要的。

第一节　客厅餐厅客房服务礼节

客厅是接待客人，供宾主会见、交谈或供客人临时休息的主要场所；餐厅是宾客用餐的主要场所；客房是宾客住宿的场所。客厅、餐厅及客房服务中的礼节、礼貌贯穿于这三个场所的各个服务环节之中。三者有相同的地方，但也有各自不同的具体要求。

一、基本服务礼节

1. 迎送礼节

迎送礼节是指服务或接待人员迎送客人的礼节。

商界常说“客叫主人应，慢了也高兴”，热情而周到的迎宾便是良好的开端。客人来到要有迎宾声，如“欢迎光临”“路上辛苦了”等。若是客人乘车来到，要主动引领停车，开启车门，车门开启后，要问好。客人下车时，应站立在车门旁，将右手挡住车门门框的上方，防止客人下车时碰头。若下车的是老人，还要热情搀扶。客人下车后，服务接待人员还要探身车内，检查车上是否还有客人忘记拿的物件。如有大宗行李，应招呼行李员将行李搬上叉车，并当着客人的面，点数行李件数。引领客人行进时，服务人员应走在客人的右前方，距离保持 2～3 步，走姿应是微微侧身面对客人，切不可将整个后背对着客人，自顾自朝前走。遇台阶或转弯处时，服务员应稍作停留，招呼客人注意，如“这里有台阶”“请在这里转弯”。引客入座时，应以轻捷的动作用双手拉开座椅。如果是沙发，可用手势示意。在冬季，室内外温差大，应帮助客人把脱下的外套、帽子挂在衣帽架上或衣橱里。客人坐定或进入客房后，引领人员应在下道服务程序工作人员到位时礼貌地退出。

客人离去时要热情相送，送客时服务接待人员应走在客人的后方，保持 2～3 步的距离，将客人送到厅门口并亲切道别。对重要的宾客应帮助客人提东西并送上车。车辆起动时，应面带笑容向客人挥手告别，含情目送。

2. 称呼礼节

称呼礼节主要是指服务接待人员在日常工作中与宾客交谈时应恰当使用称呼。知道客人职务的可以以职务相称，如“×经理”“×厂长”；不知道客人职务的可以以“同志”相称。目前，使用越来越普遍的称呼是“先生”“太太”“小姐”，在商务活动或涉外交往中尤其如此。通常，“先生”一词用来称呼男性宾客，知道客人身份的还可以称“经理先生”“市长先生”等；“小姐”则主要是对未婚女子的称呼；“太太”“夫人”是对已婚女子的尊称，如无法断定对方婚否，可称“女士”。

在服务接待工作中，切忌用“喂”来招呼宾客，即使客人离自己距离较远，也不能这样高声呼喊，而应主动上前恭敬地称呼。

3. 问候礼节

问候礼节是指接待客人时用礼貌语言向客人表示问候和关心。一个亲切的问候可以给人留下美好的印象。客人来到时，应热情上前问候“您好，欢迎您光临”，服务过程中可以说“您还需要什么”，客人离去时可以说“再见，请走好”或“希望您能再次光临”。餐厅服务中还应针对不同的客人选择恰当的问候语，例如，对新婚夫妇说“恭喜你们”，对庆寿的说“祝您生日快乐”或“祝您健康长寿”等。

4. 应答礼节

应答礼节是指服务接待人员在回答客人问话时的礼节。应答宾客询问或介绍情况时要站立端正，使用普通话，声音大小适中，语气要温和，双眼正视客人的鼻眼三角区，集中精力倾听，以示尊重。对话时应自动停下手中的工作，如果没有听清客人的问话，应说：“对不起，请您再说一遍好吗？”在面对众多客人的询问时，要从容不迫地一一作答，不能只顾一位，冷落了其他的人。凡是答应客人随后再做答复的事，一定要守信用，适时做出答复。有事打扰客人时应说：“如果不麻烦您的话……”当客人向你表示感谢时应微笑而谦逊地回答："不用谢，您太客气了！"

5. 操作礼节

操作礼节主要指服务接待人员在日常工作中的礼节。客厅、餐厅及客房服务要做到"三轻"，即谈话轻、走路轻、操作轻；自觉使用礼貌用语、称呼语；宾客来时有迎客声，遇到客人时有称呼声，受人帮助时有致谢声，麻烦客人时有道歉声，客人离开时有送客声。同时，杜绝使用蔑视语、烦躁语、否定语和斗气语。在当面为客人服务时，不可吃东西、吸烟、抓头搔痒、剔牙、挖耳、擤鼻涕；工作中不能大声喧嚷、聚众开玩笑、哼歌曲、打扑克，甚至争吵；与客人说话时不能东张西望；不要随意翻动客人随身携带的物品；迎送客人时可以帮助客人提行李杂物，但不要帮助客人提公文包或手提包；不要问客人的年龄、工资、婚姻状况、家庭情况等私事；宾主交谈或客人之间谈话时不得在旁窥视、倾听或插话；对穿着奇异、举止特殊或有生理缺陷的客人不能指指点点、乱发议论；如客人不慎损坏易耗物品，不要表示出讨厌和责备；如果男女客人在一起，应按国际通行的"女士优先"的礼节以女士为先。

6. 仪表礼节

服务接待人员要做到仪表整洁、举止大方、态度和蔼、彬彬有礼。这也是表示礼貌的一个方面，应按仪表规范去做。

7. 宴会礼节

宴会礼节是指在宴会过程服务接待人员所应有的礼节，应按宴会礼仪的要求切实做好。

二、客厅服务礼节

1. 安排好宾主座位

在客厅接待客人，若宾主分坐两边，通常以“左”为上，即来宾坐在主人的左边一侧，主宾席紧靠主人席。宾主双方的其他人员在各自一边按身份高低依次就座。我们在电视里可以看到，我国领导人接见外宾时就是这样的安排。

如果客厅摆有长方形、椭圆形或圆形桌子，宾主相对而坐，以正门为准，主人应居背门一侧，来宾则面向正门。双方主谈人居中，其他人按身份高低左右排列。如果客厅长桌一端朝向正门，则以入门方向为准，右边为客方，左边为主方。如果客厅未摆长桌，只摆沙发，双方座位可按有桌时的座位安排。

2. 宾主互做介绍

一般是先由主人起立，向来宾介绍主方陪见人员，要将姓名、职务介绍清楚，被介绍者要站起来致意。若安排合影，可在宾主见面握手后进行，合影后再入座。合影时主人和主宾居中，然后主客双方按身份高低在两边间隔排列，第一排两端一般均由主方把边。

3. 给客人敬茶

敬茶时要在其他房间把茶沏好后送上去。放茶叶时要使用茶勺，不能直接用手抓。敬茶给客人时要用双手，切忌手指接触茶杯杯口。杯底要用毛巾擦干。续茶时应把茶杯端离茶几，以免倒在桌上弄脏客人衣帽。首次倒茶水时不能倒满，以五成左右为宜，要及时续茶，不能等客人喝干了再去续。每次续茶也只能倒八成满，以方便客人饮用。这就是民间所说的“第一杯水不能（倒）满，第二三杯水不能（等客人喝）干”，否则，就是不懂礼貌。

三、餐厅服务礼节

1. 熟悉菜单，掌握上菜速度

每上一道菜要报菜名。主人和主宾致辞敬酒时，要停止上菜，但要注意斟酒，以备干杯之用。宾主讲话时，不宜走动，要站好各自的服务位置。

2. 斟酒时要按顺序、讲规矩

顺序为先主宾、再主人，然后按顺时针方向逐个进行。斟酒时应站在客人右侧，右手持瓶，侧身而上，酒瓶的牌名向内朝着客人，瓶口与杯口相距约 1～2 厘米。动作要稳妥，手法要轻缓，酒不可斟得太满，以八成左右为准。

3. 为客人拾起落地的物品

客人的物品，尤其是女宾的物品不慎落在地上，服务员应立即帮忙拾起，双手奉上，不可视而不见。如果客人不慎把餐具掉落地上，服务员要上前取走，马上为其更换干净的餐具，决不可在客人面前用布擦一下后再给客人使用。若客人不慎将酒水洒在身上，要立即递上毛巾，协助客人擦净。

4. 餐毕道别

客人餐毕起身，服务员应及时为其拉开座椅，以方便客人行走。然后送客道别，餐毕的清扫工作应在客人全部离去后进行，不可操之过急，否则即为失礼。

四、客房服务礼节

1. 迎客准备

要随时做好迎客准备，保证房内各项设备的完好，做好房间的清洁卫生工作；必要时应了解清楚客人的到达时间、住宿人数及生活特点等情况，以便有针对性地做好服务接待工作。

2. 引客入房

开门后应请客人先行步入。对于不太了解如何使用房间设备的客人，应及时、详细地予以介绍。同时，要简要介绍饭店的其他各项设施，如餐厅、酒吧、购物服务部等，帮助客人熟悉环境。

3. 打扫客房

打扫客房前先要轻轻敲门，征得客人同意后方可进入。进入房内，不可东张西望；工作完毕后应立即离开，决不可在房内逗留。不得擅自翻动客人的物品，更不能向客人索取任何物品。当房门上挂有“请勿打扰”的牌子时，绝对不要擅自闯入。

4. 服务要周到、主动

尽量满足客人提出的一切正当要求，如添换毛巾、肥皂，及时供给开水等。这些服务最好能在客人提出要求之前就按需提供。

5. 称呼客人要有礼貌

对入住的客人，楼层服务台的人员应记住客人的姓名，如遇电话呼叫或有人寻访客人，应径直到客人住宿的房间，以姓氏加称呼的方式告之客人，切忌在服务台呼叫“208 出来”等，否则不仅会失礼，而且也会造成许多不必要的麻烦。

第二节　参观旅游访问礼节

参观旅游访问是我们经常遇到的社交活动。在这些活动中如何做好服务接待工作，讲究礼节、礼貌，下面做一些简要的介绍。

一、参观旅游服务礼节

1. 提前做好有关准备

无论是邀请客人还是组织内部员工外出参观旅游，都须在事前制定计划，做好准备工作。这类活动往往都有明确的对象或目的，事先要了解目的地的接待能力和接待准备。若属于工作性质的参观，需要对方做必要介绍的，更应事先联系好。要根据当时的气候交通情况，确定好乘车（或船、飞机）路线、行程、日期。要提醒每位参加者本着少而精、小而轻的原则，带齐必需的用品和有关证件。组织者还应准备好所需要的专用物品和专用器材，如照相机、摄像机、常用药品等，并带足费用，以防意外开支。

2. 合理安排各个环节

整个旅游过程可分为“行、食、宿、游、购、娱”六个环节，服务人员应针对每一个环节的特点，合理安排，使每位旅游者感受到虽然人在旅游，却仍然像在家里一样轻松自如。如果游客疲劳，到达目的地后要首先安顿下来，及时安排好食宿。随后，要了解当地的地理、交通、天气情况以及风俗民情，以便进行下一步的行动。整个安排要做到突出重点、兼顾其他、劳逸结合。如果旅游的重点是“游”，就不要把时间都花在“行”上，应在突出“游览”的前提下，兼顾购物、娱乐。

3. 服务过程的礼貌须知

无论是随行服务人员，或者是参观、旅游目的地的接待人员，在其服务接待工作中，都要根据参观旅游这一特定活动的特点，因时、因地、因人做到礼貌服务。在服务中，除了必须应用本章第一节讲到的“基本服务礼节”外，还应做到以下几点：

（1）注意尊重客人，服务热情、耐心、周到。旅游者外出旅游，一般要求方便、安全、卫生，能够休息好，食物合口味，受到尊重等。我们应通过热情、耐心、周到的服务满足客人的这些需求。把古人说的“在家千般好，出门时时难”变成“在家千般好，出门时时安”。服务要耐心、细致，如果旅途中安排下车购物，就要反复讲明按规定时间返回，以免误时，耽搁他人。参观旅游的过程中要特别注意尊重客人，因为人在旅途，车马劳累，“人困则多怒”。如果我们时时处处、一言一行都尊重客人，不仅客人受尊重的需要得到了满足，而且也加强了人际间的沟通，使客人产生报答感，从而避免了各种矛盾的发生。

（2）要顺从客人的意愿导游。游客一般都有强烈的好奇心理，很容易被新奇事物所吸引，注意观察他们的情绪反应，善于顺着他们感兴趣的事物去导游，就能够收到好的效果。若不是专职导游，只是作为服务人员随团服务，那么出游前也应看些资料，如旅游指南、导游文章、游记和有关的诗文、志书等，以备到时引导，满足客人的意愿。即使有些景点有专职导游，随团服务人员也可以给客人做些补充介绍。

（3）要注意安排好客人购物。客人一般都想在旅行过程中买点土特产或其他纪念品，如果安排购物的时间太短，客人往往不会满意，但也有些客人不打算购物，多次安排逛商店，他们就会不悦。这就要求服务接待人员根据客人的具体情况，适当安排好购物的时间，尽量做到使所有客人都满意。

（4）服务周到、普遍且及时。作为公关人员陪同参观旅游，在服务中应注意服务周到并普遍，因为公关人员代表的是组织，面对的是组织公众，所有参加本次活动的成员都是自己的服务对象，因而不能凭个人的印象和情感乐于同其中的某些人接触，热情提供服务，尽管没有疏远谁，但其他人仍然会感觉受到了冷遇。这是最大的失职，同时也是最大的失礼。周到而普遍不但表现为对所有服务对象的一视同仁，同时还表现为在活动的全程做到礼仪周至，例如，永远在第一时间到达第一地点，表达组织的诚挚，永远在最后的时间最后离开，留下组织的关怀。虽然旅游参观途中难免有些事情未能尽如人意，但是由于服务中执礼、周到、普遍，也会收到礼多人不怪的效果。

在参观旅游途中，会出现各种各样的问题，例如生病、意外伤害、财物丢失、个别人掉队……这些意料之外的问题，如不及时处理，将会造成很坏的影响，因此，作为陪同的公关人员，在及时处理问题的同时，还要及时地向当事人致以问候和安慰，以减弱负面情绪对整个活动的影响。

二、访问的礼节

1. 预约访问时间或选择适当的访问时间

在拜访某人之前最好事先约好，避免因被访者外出而空跑一趟或者打乱对方的工作、活动计划，这是现代社会人际交往必须重视的礼节之一。深圳人最怕不速之客，因为一接待就势必打乱原先的安排，所以，他们已习惯说“对不起，今天不能多谈”，或随时准备一份日报以备接待时说“先看报，我忙一阵再来”。若已事先约定因有急事不能按时赴约，应尽快通知对方变更时间。朋友间探访而又不便事先预约时间的，应选择节假日的下午和平日晚饭后的时间去拜访，一般应避开清晨、午休和用餐时间。

2. 如果已预约访问时间，就应守时赴约

迟到是失礼的，太提前也是不礼貌的。有这样一个例子，一位先生去拜访一位合资公司的外方总经理，比约定时间提前 15 分钟到达，结果被秘书挡在经理室外间的接待厅坐等。那位外方总经理明明发现来访者已到，却视而不见，埋头办公。但一到约定的时间，便立即起身，像才发现来访者似的走出来热情接待。这个例子说明，当今社会讲效率，人际交往中不信守时间是不会受到礼遇的。

3. 到友人、同事家拜访，不要破门而入

到友人、同事家拜访时，有门铃的要按门铃，没有门铃的要轻轻敲门。如果按门铃或轻轻敲门之后未见回音，可静候一会儿再来一次，切记不要一次按（敲）很长时间。若仍无回应，可改日再去。若连续按铃或敲门，就是失礼。假如门是半开或全敞着的，也要以其他方式告知主人有人来访。

4. 礼貌待人

如果主人家中有老人，要主动与老人打招呼；如遇到其他人在座，对熟悉的人应打招呼，对不熟悉的人经主人介绍后，也要逐个问候。如果主人正在和其他的客人谈话，可在一旁静候一会儿，不要插入他人的谈话。一般情况下，不要带不懂事的小孩拜访他人。如果带小孩，要让孩子称呼主人家所有的人，不要让孩子在屋里乱叫或随意翻动主人家的东西。主人递烟、倒茶时，最好起身，说声“谢谢”，双手接过。吃水果或点心时，最好等长辈先动手后再拿。

5. 注意礼节

访问者无论是在办公室里进行公事访问，还是到友人家里进行私人探访，在言行上都不可喧宾夺主。谈话要简洁明了，不宜太长。现代社会生活紧张、时间宝贵，无休止的闲聊会使对方厌烦，因此，告别要及时。告辞时要讲究方式，切忌对方刚说完一段话就起身告辞，这会使主人觉得你对他的话不耐烦。一般在自己讲完一段告别话之后告辞为好。一旦已经告辞，就应起身准备走，除主人执意挽留外，不要嘴里说走，身子却不动。当主人已送到门外，就不要再说个不停。

第三节 通信交通引路礼节

现代通信工具和手段越来越多，其中，在人际交往中不可缺少的高效率的通信手段莫过于电话，因此，本节在通信礼节方面，主要介绍打电话时应注意的礼节；在交通方面则主要介绍乘车、陪车的礼节；对走路、引路应做到的礼节只做一些简要的介绍和说明。

一、打电话的礼节

1. 打电话首先要选择好时间

在上班时间利用电话联系工作，应尽量选择在对方上班 10 分钟后或下班 10 分钟前，这时对方不会有匆忙之感，可以认真倾听。其他时间打电话，一般说来，除非事务很急，否则，不要在对方吃饭、午休和早上 7 点钟以前或晚上 10 点钟以后再去。

2. 事前做好通话准备

给谁打电话、准备说些什么，要考虑周详，重要电话应草拟通话提纲，这样有利于接通后交谈，并能够节省通话时间。如果临时匆匆翻阅笔记、查找资料，而让对方握着话筒等候，则有失礼貌。同时，要事先决定，如果所找的人不在，可否请其他接话人转告，以免临时失言。需要将通话内容记下来的，还应准备好笔和记录本。

3. 通话要简短

这是对方所欢迎的，同时也能给别人打进电话腾出时间。电话交谈每次 3～5 分钟为宜，切忌过长。如果确实需要较长的时间，就应先说出要办的事，询问对方此时谈话是否方便。若不便，应另约时间。在电话里做冗长交谈浪费他人的时间是极为失礼且令对方生厌的，讲效益的深圳人将此讥为“煲粥”，视为一“怕”。他们认为，现代社会生活节奏快，每一分钟都充满机遇，碰上“煲电话粥”的人，总担心会误了重要信息的到来。

4. 通话要有礼貌

电话接通后，先道一声“您好”，自报家门，然后告诉对方要找的人，很有礼貌地请对方接话人帮忙传呼。待要找的人接到电话后，经过简单的寒暄，就可直接进入通话主题。通话时要一边用探询的口气说话，一边仔细听对方的反馈回音，切忌不管对方是否听清楚，只是自己一味地讲。

5. 如果要找的人不在，可以拜托对方接话人转告

如果要找的人不在，不能直接挂断电话，以免要找的人事后得知有人来过电话，又不知道是谁的，造成悬念和不安。礼貌的做法是把自己的单位、姓名、电话号码以及要办的事告诉接话人，请他转告要找的人。如果内容不便转告，可以告诉接话人改时间再打，或让要找的人回电话。

6. 拨错号码要道歉

打电话时拨号要准确无误，万一拨错号，就应向对方说明并

表示歉意。

7. 接电话要迅速，应答要有礼貌

首先要让对方知道自己是谁，人们对于对方怎样接电话是非常敏感的，因此，我们应该十分注意，要有礼貌。接电话时尽可能在铃响第二声就接并立即应答，先说“您好”，接着自报家门。不用礼貌语言打招呼，不告诉对方自己的单位、姓名，拿起话筒就质问“喂！你是谁？找哪个”是十分失礼和缺乏教养的。

8. 听电话要有礼貌

听电话时要聚精会神，电话没挂时，不要和别人说话。回答问题要热情、耐心，不要用生硬、厌烦的语调说话，听电话的过程中，要不时说“是”“嗯”“好的”，以反馈对方。不要中途打断对方的讲话。必要时要边听边记，遇到不明确处要向对方询问清楚。通话完毕，双方道再见后将话筒轻轻搁下，不可“啪”的一声重重挂掉。一般说来，如果对方是上级、长辈，应在对方搁下话筒后再搁下。

9. 替别人接电话要有规矩

电话若不是找自己的，应主动说“请稍候，我帮你去叫”，并立即去叫对方所要找的人。如果对方所要找的人不在，要马上告诉对方并表示歉意，询问对方是否有事要转告，如有，要认真记录，随后及时把受托的事办好。对方不愿意告诉的事不可冒昧询问，一般不要询问对方的姓名、住址等。

有时对方所要找的人虽然在，但不能来接电话，因为打电话的人看不见发生了什么事，此时要向对方做充分的解释。做解释时如果未得到允许，最好不要说“他很忙”“他在开会，不能打扰他”，比较容易令对方接受的解释是“他正在开会，您能否等会儿打来”或者“我等会儿告诉他，让他给您回电话，好吗”等。

10. 无论是打电话还是接电话，都应表现得有礼貌

交谈双方与话筒要保持适当的距离，具体讲就是耳朵紧贴听筒、嘴唇离话筒约 2.5 厘米。说话音量适中，使用清晰、简明的口语，咬字清楚，语速以对方逐字听明白为宜，要尽量减少“回问”“误答”的现象。注意常说“请”“谢谢您”和“对不起”。要注意在自己心情不好或者事情很急时，语气和声调不要失控，仍然语调从容地同对方进行交谈。

11. 在公众场合使用手机的注意事项

（1）参加会议和重要的会见，手机应置于振动状态，以免铃声对活动产生干扰。

（2）接待客人过程中，若来电显示该电话必须回应，则应向客人致歉，然后回话。

（3）参加公关活动，且有公众在场，一般不要拨打电话，切忌打与本次公关活动话题无关的电话和摆弄手机游戏。

（4）不要向参加活动的公众借用手机。

二、乘车、接送客人上下车及陪车的礼节

送客人上车，要让客人先行，服务接待人员随后紧跟，不能抢先。要在客人全部上车就座后，服务接待人员方可上车。到达目的地停车后，服务接待人员应先开门下车，再请客人下车。

送团体宾客上车时，要按先主宾后随员、先女宾后男宾的惯例，一手拉开车门，一手遮挡门框上沿，以防宾客头碰到车门框。但要注意有两种客人不能遮挡，一是信仰伊斯兰教的，一是信仰佛教的，因为他们认为这样做会把“圣光”遮住。

用车辆接送宾客，有时主人需陪同乘车。如果乘坐的是前后

两排4个座位的小汽车，一般司机侧后靠门的座位为上座，即主宾的座位；司机正后面的位置次之，为主陪人员的座位；司机旁边的位置为最低，一般是秘书、向导或警卫人员的座位。上车时，应请客人从右侧门上车。主人要从左侧门上车，避免从客人座前穿过。如果客人先上车坐到了主人位置上，则不必请客人挪动位置。车门应由服务接待人员关上。下车时由最低位先下车，打开车门等候其他人下车。

同女性一起乘车时，应不问职务高低，先让女性上车，男性坐在女性的左边。如果是主人驾车，客人应坐在司机旁边的位置上，以表示对主人的尊重。上下车的正确姿势是上车时要侧着身体进入车内，下车时也应侧着身体移动，靠近车门后，再从容下车。

坐飞机或火车，靠窗边的位置为上座，向着前进方向的则更好。如火车上4人对坐，前进方向靠窗口的为第一位，对面为第二位；第一位旁边为第三位，对面为第四位。如是6人对座的位置，前进方向的中间为第五位，对面为第六位。

乘公共汽车要自觉遵守公共秩序，讲究礼让。上车的人依次排队按顺序上车，进入车厢后不可争抢座位，要主动给年老体弱、病人、孕妇、怀抱婴儿的母亲及幼儿让座。对方表示感谢，须以礼相待，说声“不用谢”或“不客气”。如果有人让座给自己，要向让座者致谢。别人碰撞了自己，不必过于计较，有理也要让人。车上不得抽烟、随地吐痰、乱扔脏物和废物。

三、走路与引路的礼节

走路要遵守交通规则。行人要走人行道，穿过马路要走人行横道。向人问路要先用礼貌语言称呼，再用请求语言发问，问后不管对方指明去向与否，都应诚恳致谢。他人向你问路，应该积极热情地加以指明。如果你也不大清楚，可转问他人，或指示对方应在何处问路。

服务接待人员在工作中，行走姿势要平衡、协调、精神，做到步态雅致。例如，上下楼梯时，头要正，背要伸直，胸要微挺，臀部要收，膝要弯曲。

一般来说，在接待场所，服务人员必须靠右行，不能走中间。与宾客相遇时要稍稍停步或放慢脚步点头致意，并主动让路，不可与客人抢道并行。有急事要超越客人时，要在口头致歉后再加紧脚步超越。

引导客人时，应保持在客人前方2～3步的距离，一面交谈一面配合客人的脚步，与客人大约成130°的角度，切忌独自在前，臀部朝着客人，上楼梯时应在扶手的一边，让客人走在前；下楼时可走在客人的前面。陪送客人乘电梯时，应让客人先进电梯，不得自己先行，电梯进门左侧为上位，到达时也应请客人先步出电梯。

平时工作和生活中，在狭窄通路或走廊与长辈、女性相遇时，要马上停止脚步让路。与长辈、上司同行时，原则上应在他们的左边或后面走，有事需超越时要先道歉。如与女性同行，男性必须迁就女性的步伐。在马路上，男性应走在女性的左边，上楼梯时男性应走在后面，而下楼梯时男性则应走在女性前面。

第四节　宾主交谈礼节

人际交往离不开交谈。无论是工作性质的会谈，还是私人间的探亲访友，只要是当面和他人交流思想感情，就得交谈。而交谈要取得最佳效果，其中重要的一点就是宾主双方必须懂得交谈的礼节。

一、交谈的一般礼节

1. 交谈开始前可适当寒暄

寒暄指见面时谈天气冷暖和生活琐事等方面的应酬话，宾主交谈特别是初次相识，适时得体的寒暄可以沟通彼此的感情，创造和谐的气氛，为正式交谈营造良好的氛围。得体的寒暄，应体现出真挚、热情，而不是虚伪、吹捧。

2. 相互介绍要照顾对方的自尊

如果对方资历较浅，学识也较低，我们应特别介绍对方的优势。在介绍自己令人羡慕的学位、职业等情况时，为了避免对方自愧不如而难堪，应该谨慎一些，而对对方的某些介绍则可以表示由衷的钦佩。

3. 珍惜会见时间，主动开始正式交谈

工作性质的会谈，一般宾主双方都心中有底，话题是明确的。但尽管主人已经了解到客方的一些情况和来访目的，客方仍有必要主动开口提起话题。这不仅可以使会谈迅速进行，而且也是礼貌的需要。亲朋故友之间的交谈，如果主人察觉客人有所求而羞于开口，主人不妨主动地把话引到客人的嘴边上，以便使交谈能够较快地接触正题。

4. 谈共同关心的问题，保持相应的热情

平时探亲访友或同志间的即兴交谈，主客双方都应在双方熟悉、共同关心的事情上找话题，以免“话不投机半句多”。一方在谈，另一方应保持较高的热情。主人不能只顾看电视或同家人

闲聊而不陪客人谈话，客人一方也应掌握时间，不宜谈得太长以免影响主人及家属休息。

5. 交谈中要尽量避讳一些不愉快的事情

例如，不要对一个陌生人谈自己的私生活，不要向一般人谈论自己亲朋好友的缺点等。对方不愿回答的事或私人生活方面的问题，如妇女的年龄、婚否，或对方履历、工资收入、衣饰价格等，不要详细追问。犯了对方忌讳时，一经觉察应立即表示歉意或转移话题。

6. 与女性交谈应有禁忌

与成年女性谈话不说其长得胖、身体壮等语。男性一般不要参与女性圈内的议论，也不要与女性无休止地攀谈而引起旁人非议。与女性谈话要谦虚、谨慎、礼让、不开玩笑，争论问题要有节制。

7. 交谈时表情要自然、得体

要避免不良的动作和姿态，交谈要和气、亲切。说话时可适当做些手势，但动作不宜过大，更不要手舞足蹈，或者用手指指人。与人交谈时不宜与对方离得太远，但也不要离得太近。不要与人拉拉扯扯、拍拍打打。说话时不要唾沫四溅。听对方谈话时不要玩弄手中的小东西，不要摇摆双腿或者不时地理头发，搅舌头，清牙齿，掏耳朵，盯视对方身后的挂画等。

8. 在参加别人谈话或交谈中有事离开要打招呼

参加别人谈话要先打招呼，别人在个别谈话时，不要凑前旁听。若有事需与某人说话，应待别人说完后再说。有人与自己主动说话，应乐于交谈。第三者参与谈话，应以握手、点头或微笑表示欢迎。发现有人要与自己谈话，应主动询问。交谈中有事需要离开，应表示歉意。

9. 交谈中不要冷落第三者

交谈者超过 3 人时，应不时地与在场的所有人攀谈几句，不要只与一两个人交谈，而不理会在场的其他人，也不要与别人只谈两个人知道的事情而冷落第三者。在有多人参加的交谈场合，一般不要与个别人耳语，说悄悄话。如所谈问题不便让旁人知道，则应另找场合。

10. 交谈中要有“听”的礼貌

与人交谈时，自己说话，要给别人发表意见的机会，别人说话，也应适时发表自己的看法。要善于聆听对方讲话，不轻易打断别人的发言。一般不提与交谈内容无关的问题。对方讲话时，目光应注视对方，以示专注。目光应自然，忌将目光在对方身上乱扫。可以一边听，一边微微点头，以示已听清或赞同。如果对方谈到一些不便谈论的问题，不应对此轻易表态，可转移话题。

二、交谈中的礼貌须知

1. 交谈中要使用礼貌语言

如“您好”“请”“谢谢”“对不起”“打搅了”“再见”等。例如，迈进会客室的门，第一句话应是“×××，您好，见到您很高兴”，即把对方的姓名或者敬称、职称称呼在前面。分别时，常说“很高兴与您相识，希望再有见面的机会”“再见，祝您周末愉快”“请代问全家好”等。

2. 交谈要看对象，力求谦恭得体

特别要注意“莫对失意人说得意事”，否则将会形成僵持尴尬的局面。

3. 交谈中要避免出现争辩

对有些出言不逊、恶语伤人的人，即便争吵起来，也不应斥责、讥讽辱骂、伤害对方的自尊心，而且最后还要握手道别。

4. 与人交谈时，不要对着他人打喷嚏或擤鼻涕

实在忍不住时，应先致歉，然后背过身去找适当的地方处理。

第五节　处理偶发事故的礼节

在人际交往特别是服务接待工作中，我们常常会遇到一些偶发事故需要及时处理，如客人的投诉和埋怨，本组织提供的产品与服务所引起的误解和纠纷等。出现这些事故的原因，可能是我们工作上的失误，也可能是客人（或用户）方面的原因，但不论是哪类事故，也不论事大事小，我们在处理时不仅要凭着足够的能力和经验，而且自始至终都要讲究方法，注意礼节。只有这样，才能化解各种矛盾，把事情处理得圆满，使客人（或用户）感到满意。

一、及时处理偶发事故

1. 客人不慎打碎杯碟，要以礼相待

在客厅、餐厅或客房，客人不慎打碎杯碟、碰翻酒水的事时有发生，遇到这种情况，服务人员不应惊慌，首先要表示同情，关心其是否碰痛、受伤；其次要及时收拾碎物，重新换上所需的餐具、物品。当然，若规定损坏物品必须赔偿，可事后委婉地向客人提出。如果家中待客遇到类似情况，主人应毫不在意地安慰客人，并马上更换，重新拿出物品，使客人从难堪的处境中解脱

出来。

2. 礼貌对待饮酒的客人

在餐厅服务中，应积极防止客人酗酒。餐厅服务人员以及客人，都不希望有人因喝醉酒而出事故。如果认为某客人特别是单身客人已接近或达到喝醉的程度，就需要有礼貌地劝其不要再喝。对已经喝醉酒的单身客人，应采取措施把他照顾好，可送茶水、送醒酒药、送毛巾或将其安排在通风处休息，并负责他所带物品的安全，设法与其家属或单位取得联系。

主人宴客敬酒，不能不管客人酒量如何，把敬酒变成罚酒。切忌“感情深，一口吞；感情薄，慢慢磨”，非逼客人喝不可。客人喝醉酒是主人的失礼，万一客人喝醉酒，主人或服务人员要善于处理，不能使客人在大庭广众之下失了脸面。

3. 要注意照顾好“小客人”

无论是餐厅服务还是家中待客，都要照顾好客人中的小孩，尽快把食物拿给他们，有条件的还可提供一些玩具。这样可以减少许多不必要的麻烦。小孩子活泼好动，常常为一些新鲜事物感到快乐和惊奇，随父母在主人家做客，觉得父母会对自己迁就一些，因此比较放肆，稍不留心会闹出些小事故。这时主人不可面呈愠色，而要有礼貌地处理。如有位作家接待一对带有一个小女孩的来访夫妇，大人谈兴正浓时，小客人早已穿着鞋子爬到了床上，而客人夫妇又未注意到。这位作家接过一个话头，风趣地说：“好，那么，现在先让我们一起把小天使从天上请到地球上来吧。”幽默的话语提醒了客人夫妇，大家一起笑着把小女孩从床上抱了下来，主人很巧妙地处理了这一“事故”，又未使客人难堪。

二、耐心倾听和巧妙处理客人投诉

1. 千万不要和客人争辩

客人投诉时，即使明知是客人的不对，也不要急于辩解和反驳，要让客人感觉到他是对的，这叫“忍”字为先。对投诉的客人要有礼貌地接待，有可能的话，请客人坐下，倒一杯茶给他，请他慢慢讲。耐心地听他把话讲完，以便弄清事实真相，恰当处理。如果我们急于辩解和反驳，可能会被客人认为是对他们的不尊重，客人越发受到刺激，反而使问题不易解决。例如，有位客人坐船游玩后回到宾馆抱怨说，出发时未把他的饮料送到船上。起初，服务员和导游互相推诿责任，客人大发脾气。后来服务组长听完客人投诉后，对客人说：“大热天在船上没有饮料确实会很渴。”这种同情的话语使客人平静下来。他向客人道歉，并保证第二天一定将饮料装上船。客人逐渐消了气，离开时情绪大为好转。

2. 要以诚恳的态度向客人道歉

就算自己不满意客人的投诉，也必须这样做，这叫“诚”字为本。例如，客人光临餐厅，无非是想享受一餐中意的膳食，但却遇到一些烦恼的问题，那么道歉就是必需的。客人能投诉，是期待着餐厅能改善工作；相反，如果不投诉，则表示餐厅将会失去这个客人或者更多的客人，因为这个客人会将他的遭遇一传十、十传百而影响更多的人。所以，我们应该真诚地对待埋怨者或批评者，虚心听取他们的意见，诚恳地表示歉意。有时还可请职位高的负责人出面向客人表示歉意，以便使客人觉得自己的投诉受到了重视，满足他们的自尊心。“诚”字为本，有助于在处理各种偶发事故中化险为夷，变不利为有利。

3. 区别不同情况

在征得客人同意后做出迅速而恰当的处理。有些偶发事故，很明显是我们工作上的失误造成的，应马上道歉，对客人利益造成损失的，在征得客人同意后，还要做出补偿性处理。对一些比较复杂的问题，应弄清真相，有理有礼地在客人同意的基础上做出处理。例如，有位客人投诉说刚买的一台收录机是次货，要求退换。售货员在细心检查后发现是客人未能正确安放电池，造成收录机时响时不响，便耐心地向他解释，征得客人同意后将原机重新包装好，送还客人。处理这些事故，要突出一个“速”字。即使有些问题不能马上处理，也要对客人有必要的交代，使客人知道事情的进展。例如，客人一大早投诉房间的空调坏了，维修工因另有任务要下午才能去修理，这就要向客人说明以取得谅解，以免使客人认为对他的意见不重视。

总之，遇到客人投诉，首先要从自己方面找原因，承担主要责任，使矛盾得到缓和。如果问题确在客人一方，也不要斤斤计较，抓住不放，小题大做，意气用事，在处理中要做到“忍”“诚”“速”，并自始至终贯穿一个“礼”字。

第六节　迎宾和送客礼节

迎送宾客、热情接待来宾不仅是国际交往中的一种社交礼节，在一般社会交往或人际交往中也有一定的礼仪要求，学习和掌握迎送宾客的基本礼节，是我们成功地进行社会交往或人际交往的一项必不可少的基本功。

一、确定迎送规格

对于应邀来访的来宾，东道主安排什么样身份的人员出面迎送，有一定的礼仪规格。确定对来宾的迎送规格，总的原则是依据来宾的身份和访问目的，适当考虑双方关系，同时要注意社交惯例，综合平衡。一般说来，就是要坚持身份对等原则，否则就是对来宾的不敬。在社交实践中，大致有这样的几种安排方法：

第一，由与来宾身份相同或者相当于来宾级别的人员充当主迎送人，亲自到车站、码头或机场迎送客人，以示对来宾的敬意和重视。

第二，由比来宾身份略低的主管人员到车站、码头或机场迎送，而由与来宾身份相同或略高于来宾身份的人员，在来宾下榻处的门前迎候或送行。按照惯例，比来宾身份高的人员，一般不亲自到车站、码头和机场迎送客人。

第三，按照身份对等原则，有时当事人外出或临时感觉身体不适，可以灵活变通，由职位相当的人士，或由副职出面作为代表迎送来宾。要注意的是，当事人不能亲自出面，而应从礼节出发，向对方解释清楚。

一般情况下，迎送人员不宜过多，但有时也从发展双方关系出发，破格组织迎送仪式，安排较大的迎送场面。然而，要注意的是，为了避免造成厚此薄彼的印象，除非特殊情况需要，一般情况下应按惯例安排。

二、掌握迎送时间

东道主负责迎送宾客的有关人员，必须及时、准确地了解和掌握来宾乘坐的火车、轮船或飞机抵、离的时间，以便及时做好迎送工作。如果原定时间发生变化，应及早通知有关部门和全体迎送人员，并做好应急安排。

迎接人员无论职位高低，都必须在来宾所乘的火车、轮船和飞机抵达之前到达车站、码头或机场迎候。送行时则须在宾客上车、上船或登机前到达指定的地点等候。如有欢送仪式，则应在仪式开始之前到达，并做好一切准备工作。无论迎宾还是送客，都要严格守时，决不能出现让客人等候主人的现象。

宾客的来访活动基本结束，准备返程时，应主动征询客人要求，订购车（船、机）票，并亲自送到客人手中，同时商议离开驻地的时间，以便做好送行安排。如果宾客要乘坐飞机离开，应事前按航空公司规定的时间抵达，办理有关手续。

三、热情迎宾送客

在车站、码头或机场迎接的客人，若是从未见过面的，应持一块上面写有欢迎该来宾的牌子，以便来宾看到前来接洽。来宾一到，迎宾者要立即上前握手，并致辞欢迎，如“您好！欢迎您光临”“一路辛苦”等。客人较拘谨时，主人应主动与之寒暄，语气要热情、诚恳，使客人有“宾至如归”之感。如果是节假日迎宾，应对每一位客人特别问候“新年好”“节日好”。

如果宾客是首次来访，互不相识，这时要互做介绍。迎宾者应主动上前“自报家门”。一般是由迎宾一方的交际人员将迎宾人员的姓名、职务介绍给来宾，也可由迎宾人员中身份最高者做介绍。如果还有主迎人员在来宾下榻处等候，要事先向来宾说明，以便使来宾有所准备。

恭请来宾上车，并安排好陪车，及时将来宾送往下榻处。要将客人下榻处的情况及生活环境向客人做简要说明，询问客人有无特别要求，使客人产生安定感。

来宾抵达下榻处后，应把客人引进事先安排好的客房。如客人多，应先请到客厅休息，再与客人中负责生活的人联系，由他协助分配房间和办理必要的登记手续。待安排好客人住宿后，应把就餐地点、时间告诉客人。为使重要客人尽快熟悉有关情况，应尽量提供有关资料给客人阅读。

客人初到，一般不宜马上安排活动，迎宾人员不必久留，应让来宾稍作休息，消除旅途疲劳，并留有足够的时间让他们熟悉房间设施、洗漱、更衣。迎宾人员离开时要商定下次见面的时间、地点；如果没有安排人员随客服务，还要告知客人自己的联系方法。

客人返程送行时要按迎送规格有始有终。要安排好送行车辆，从来宾下榻处送至车站、码头或机场。主送人员应在车站、码头或机场与来宾作最后告别，并祝“一路平安”。恭送宾客登车（船、飞机），并在火车、轮船或飞机开动后再挥手离开。

四、家庭迎送、接待客人的礼节

适当做些准备，如房间要尽量整洁，仪容、穿着打扮也要自然合适，在开门之前，应稍事整装一番，并根据客人的年龄、亲疏、身份等准备一些适当的招待用品，如烟、茶、时令水果等。

客人对本地区不熟悉，应按时或提前几分钟到车站、码头或机场迎候，而不能让客人等主人。客人临门，要热情相迎。依据正规礼节，客人进房后，应把客人让在上座（上席），通常以“左”为上。如果主人和客人相向而坐，则以椅背靠墙者为上。主人应把较好的位置让给客人，自己的位置应靠近进出的地方。

如果客人是第一次来访，应先向家人介绍，然后让座，倒茶，以示尊重。如果是冬季，应让进较暖和的房间；如果是夏季，可递给客人一块凉毛巾，并开启电风扇或冷气设备。

若客人带有小孩，应给小孩糖果和玩具，亲昵地问寒问暖。家中有孩子的，应让自己的孩子陪小客人玩耍。主客叙谈时，主人应谦虚有礼，尊重对方，并注意及时向客人敬烟献茶。

留客人用饭，男女主人应做好分工。如果是女客人，男主人应提前去准备饭菜；如果是男客人，女主人应去准备饭菜，这样一人陪客，一人准备饭菜会使客人感到自然、惬意。

对于不速之客，不能拒之门外，或吞吞吐吐表现出不高兴，使客人进退两难，应该尽快让进房中，委婉地问明来访目的，酌情处理。

客人没有预约，登门时恰巧自己又要出门办事，就要视事情的轻重缓急，分别对待。如果确实重要，应向来客解释、道歉，请其改日再来，或约定时间去回访；如属远客，可请其先进屋等一会儿，办完事后马上回家。如果是出远门办事，就要表示歉意，请客人原谅，或由家人作陪。

不要当着客人的面公开家庭内部的矛盾，更不能在客人面前与家人发生口角。自己的孩子顽皮，不能放任不管，但也不能当着客人的面打骂孩子。

客人馈赠礼品，主人要由衷地表示谢意，并请客人以后不要再破费。哪怕客人送的礼物家里有，也不能说家里有好多，这样会使客人难堪，可以当着客人的面拆开礼物，也可以等客人走后再拆。如果已经知道客人送的是较为珍贵的礼物，最好当场拆开，并表示对所赠礼物的喜爱，同时，应回赠些合适的礼物让客人带走，决不能对客人的礼物无动于衷。

客人告辞时，主人应婉言相留；客人确实要走，也要等客人起身告辞时，主人随后再站起来相送。如果客人刚说要走，主人就先站起来送行，这是不礼貌的。主人为客人开门后，要走在客人后面。一般情况下，应将常客送到门口道别，并邀客人常来。切忌客人刚一出门，主人就马上关门熄灯。关门的声音也不要太重，否则会使客人感到主人对其来访不满。

对于贵客，如果时间允许的话，要多送几步，边走边谈。客人再三请留步时，主人可表示歉意后双方握别，此时，主人不宜马上转身离去，应驻足目送片刻，若客人回望，可挥手致意，以表达对客人的盛情。对远方客人还要送上车（船、飞机），如遇有其他急事要提前离去，应向客人说明，以示歉意。

习　题

1. 为什么服务接待人员要讲究礼节、礼貌？
2. 客厅、餐厅、客房服务要掌握哪些基本服务礼节？
3. 说一说访问的礼节要点。
4. 打电话、走路引路和陪车有哪些礼节？
5. 宾主交谈时，作为主人要注意哪些礼节？
6. 在社会交际和服务接待工作中，为什么要热情迎送宾客？
7. 在服务接待工作中处理偶发事故有哪些基本礼节？

第八章　公关场合的交际礼仪

随着社会的发展，人与人之间的交际越来越频繁。可以说，人们是生活在一个人群的交际网之中的。人们有交际的要求，也有交际礼仪的要求。日常生活中人们是这样，公关场合中人们更是这样。因此，了解和掌握公关场合交际礼仪的一些基本知识，就能更有利于促进人们的交际。

第一节　公关场合的含义及交际的特点和作用

一、公关场合的含义

公关场合就是一个组织同它的公众结合在一起而进行交际的具体环境。公共关系必须通过具体环境下的社会交际来建立和发展，所以，我们还要随之了解交际的含义。交际是人们为了满足各自的需求而产生的人与人之间的一种社会联系和认知行为，是公关活动的主要手段。因此，在此有必要对交际做详细介绍。

二、交际的特点和作用

交际的特点是由交际的本质决定的。交际的本质和特点又决定了交际的作用。

1. 交际的特点

交际最基本的特点是它的情境性，此外，交际还具有广泛性、双向性和指向性的特点。

（1）交际的情境性。人们相互之间的交际总是为着某种目的在一定的背景下进行的。时间、地点和场合是交际的三要素，而且交际在一定环境里发生着许多变化，可见，交际的情境性体现出交际是一个动态系统。

（2）交际的广泛性。人与人之间的交际每时每刻、随时随地都在发生。个人与个人，群体与群体，个人与群体，群体内部的公众之间都为了一定的目的频繁地进行着交际，从而形成了一个广泛的交际网络。

（3）交际的指向性。交际的指向性是指交际的对象是一定的。人与人之间交际自始至终总是围绕着一定的对象展开，并通过人与人之间的交际满足人们各自的某种需求。

（4）交际的双向性。交际不是单方面的。交际总是人与人之间的双向活动。无论是个体与个体之间，还是群体与群体之间的交际，总是存在着双向性。当双方都产生了对某信息共同理解的意向和行为时，才开始了交际过程。在这个过程中，双方相互传递信息，交流感情，既有知识性、思想性的内容，又有情感性、互助性的成分。

2. 交际的作用

社会交际是联结人们活动的纽带。交际的内容极为丰富，洽谈业务、促膝谈心、外事谈判、迎送宾客等，都是交际的表现形式，社会越发展，人与人的接触就越频繁，联系也就越多。现代社会需要人与人之间的开放式交际。封闭式的环境、孤陋寡闻的旧习和疏于交往的传统必须迅速改变，从而为我们公关交际活动开辟更加广阔的天地。

具体来说，交际具有以下作用：

(1) 交际可以增强彼此的了解和信任，促进社会整体的发展。

(2) 交际在一定程度上可以调节社会关系中的不和谐因素，促进良好社会风气的形成。

(3) 交际有利于人的素质提高，人们利用交际提供的信息交流机会不断发展和完善自己。

(4) 交际是进行公关活动的基本手段之一，凭借它的功能可以完成一定的公关实务。

第二节　公关场合交际礼仪的内容及运用

一、舞会礼仪

1. 舞会的种类和形式

舞会是高雅的社交娱乐活动。它是现代社会，特别是公关活动中常见的一种社交形式，是一个组织与社会各界广泛建立关系的联系手段。通过轻松愉快的跳舞，优美而富有节奏的音乐，在特定的环境气氛里，达到深化感情交往的目的。

舞会的种类和形式很多，一般来说，主要有家庭舞会、交际舞会、公关舞会等。

家庭舞会是社交活动的一种形式，在家庭举办舞会，形式活泼，气氛融洽，便于组织。家庭舞会适宜在周末、节假日里举行。

交际舞会是现代社会中最普遍的社交活动形式之一，它是发展人际关系、扩大社会交往的一种很好的手段，可以愉悦人们的精神，调节人们的情感，增进人们之间的了解。交际舞会通常在晚间举行，场所不限。

公关舞会是公关活动的重要方式之一，旨在通过一定的交际场合，达到交流感情、增进友谊、促进公关实务的目的。公关舞会一般是在比较正规的舞厅举行，有公关人员和特邀舞伴参加。

2. 舞会的组织工作

（1）被邀请的男女客人，在人数上要大体相等，对已婚者，一般要同时邀请夫妇。请柬上要写明舞会持续时间、舞会地点等。客人来去自便。

（2）选择的场所应宽敞，邀请总人数要与场地相宜，人数过多会显得拥挤，人数太少会造成气氛不浓。

（3）舞场地板应保持光滑，四壁要有彩灯、彩带装饰，光线要柔和。同时，还要安排乐队伴奏，略备饮料、点心，供客人选用。

（4）公关舞会还要专设接待人员。

3. 舞会须注意的礼仪

（1）舞会对服饰、仪容的要求。不管参加哪种舞会，都应注意自己的整洁，服饰要尽可能和环境融成一体，参加舞会的女青年还可根据不同季节，分别选用不同面料的连衣裙，并在领、袖、开叉和前襟处加以变化。男青年除了穿针织服装外，也可穿深色的中式服装、中山装或西装。舞会着装还应注意合体，过肥或过瘦的服装都会影响轻盈的舞步和旋转的舞姿。

（2）邀请与拒绝邀舞礼仪。参加舞会者，在向别人邀舞时，必须注意的礼节主要有以下几点：

•男女即使彼此互不相识，但只要参加了舞会，都可以互相邀请，通常是由男方去邀请女方共舞。

•邀舞时，男方应庄重地走到女方面前，弯腰鞠躬，同时微笑，轻声说："想请您跳支舞，可以吗?"弯腰以15°左右为宜，不能过分，过分了，反而会有不雅之嫌。

•如有意邀请一位素不相识的女士跳舞，必须认真观察她是否已有男舞伴。如有，一般不宜前去邀请，以免发生误会。如果是女方邀舞，男方一般不得拒绝。

•在正常情况下，两位女士可以同舞，但两位男士不能同舞。

•音乐结束后，男士应将女伴送回座位，待其落座后，说一声"谢谢，再会"，然后方可离去，切忌在舞毕之后丢下女伴不管。

•邀请者的表情应谦恭、自然，不要紧张和做作，以赢得被邀者的好感。

如果拒绝别人的邀请，应注意以下礼节：

•如果女方已经答应和别人跳这曲舞，应当向男方表示歉意，说："对不起，已经有人邀我跳了，等下一曲，好吗?"

•一般来说，女方最好不要谢绝别人的邀请，如果决定谢绝，应当说"对不起，我累了，想休息一下"，以此获得对方的谅解。如果同时有两位男士去邀请一位女士共舞，通常女方都会礼貌地谢绝。

•已经婉言谢绝别人邀请后，在一曲未终时，女性不应再同别的男士共舞。

• 男士和夫人一同跳舞，跳过一曲之后，如果有别人前来向夫人邀舞，应按礼节促请夫人接受，绝对不能代夫人回绝对方的邀请。

（3）舞会文明规范。交谊舞是一种形式活泼、内容健康、节奏欢快、群众性强的集体活动，但为了烘托舞会的欢乐气氛，参加舞会的每一个人都应该遵循一些必要的文明规范。

参加者进入舞场以后，要讲究语言文明，不要高声说笑和怪叫，不要骂骂咧咧，满口污言秽语。走路时脚步要轻，不要在舞池中穿行。找座位时如发现一张桌子上已坐了男女两人，应该有礼貌地询问“这里还有空座吗”或“可以坐吗”。当邀请一位女士跳舞获得同意时，如看到女方还有男伴或女伴在一起，应向他们点头致意，并主动说：“对不起。”如果女方不愿接受邀请而婉言谢绝，邀请者就不应强求，而要有礼貌地说“没关系”，绝对不能缠住不放，更不能指责对方，可以另去邀请别人，或者等待下一支舞曲开始时再去邀请。

跳舞时，舞姿要优美、大方，舞步要尽量规范，不能随意乱跳。

参加舞会还要注意公共卫生，参加舞会前不要吃有怪味的食物。如果想吸烟，应到室外，以免污染舞场里的空气，更不能穿着汗衫或背心去参加舞会。同时，还要注意尊重舞伴，切莫放浪形骸，使对方感到难堪。在舞场中，即使是热恋中的一对，也不应显得过分亲昵，动作有失体统，因为这对周围的人来说是很不礼貌的，要自觉保持舞会的欢乐与和谐的气氛。

二、晚会礼仪

1. 晚会的种类和形式

在晚间举行的文化艺术、体育等娱乐性的集会活动，是开展公关交际活动的一种方式。它既可宣传文化艺术、体育事业的成就，又能使客人达到娱乐和享受的目的。晚会包括戏剧、歌舞等文艺演出，武术、体操、球赛等表演及电影招待会、联欢游艺等多种形式。

影剧晚会。人们在闲暇之际，进出频繁的场所往往是影剧戏院，尽管彩色电视已经日益普及，但公众还是喜欢人流熙攘的地方，愿意在同一时空寻求友声，与兴奋之中的人们共鸣同乐。

生日晚会。这种晚会可以在家中开，也可以在饭店举行，但不管哪种方式，生日蜡烛和生日蛋糕是必不可少的。晚会开始前，主人应提前到场，迎候各位来宾，等朋友到齐，便准时开始。首先，点燃生日蜡烛，大家向主人敬酒，由推选的代表或每个人向主人致辞，接着，大家一起唱《祝你生日快乐》。在歌声中，主人应一口气将生日蜡烛全部吹灭，然后将生日蛋糕按人数切成等份，送给在座的来宾每人一块。吃完蛋糕，可以开始表演节目。先由主人表演，然后由主人抽签，抽到谁，就由谁表演。节目内容要活泼、风趣，充满喜庆气氛。节目表演结束后，还可以乘兴跳一会儿舞。晚会结束时，主人应站在门口送客，向来宾表示感谢。此外，客人们在参加晚会时，还应携带些生日礼物，送给主人。

节日晚会。节日晚会一般应安排在逢年过节，最常见的有元旦、春节、中秋等的节日晚会。

新年前夕，举行元旦晚会是十分惬意的。与朋友们围坐在一起，畅谈家事、国事、天下事。当大家听到新年钟声时，便互道祝贺。如有条件，可将房间装饰一新，供大家在乐曲声中翩翩起舞。晚会上，大家还可互赠新年小纪念品。

中秋之夜是富有情趣的时刻，可以约上几位朋友来到公园观赏明月，既可荡舟水上，又可捷足登高，也可林中起舞。如果是在乡间，还可点燃篝火跳舞，尽情娱乐。之后，共同品尝月饼、甜果，若是把酒对月，那更是情意盎然。

庆祝晚会。由于某个日子值得纪念，希望与朋友们一起分享快乐，共叙理想，如考上大学、获得荣誉称号、结婚周年纪念等。晚会地点视条件而定，或是在家，或是在公园、饭店，但以在家中举行为佳。一般应以晚餐为宜，朋友来后，端上酒菜，举杯庆贺。这种晚会内容繁多，主办者应竭力组织得热闹、欢快。

送别晚会。朋友到外地工作、学习，这时应相聚一处，举行送别晚会为其送行。这种晚会，主持人应特别注意大家的情绪，不要过于低沉、伤感。主题应当明朗、乐观，尽管可能有人因友情难舍而潸然泪下，但不能因此而降低整个晚会的基调。晚会可以晚餐形式开始，也可在饭后举行。大家预备若干节目，届时表演并将热烈情景录下来，还要把磁带送给即将启程的朋友，让他们随时都能听到朋友的声音，感受到友情的温暖。晚会上，还应向朋友赠送纪念品，并在纪念册上题留赠言，与朋友一起合影留念。最后，大家一起吟唱《友谊天长地久》，然后依依惜别。

2. 晚会礼仪规范

（1）出席晚会前，应稍作梳洗打扮，至少要穿上一套合时令的衣服。服装一要整齐，二要干净。如果前往场面隆重的去处欣赏高雅的音乐、戏剧或其他文艺节目，就应该特别注重服装的庄重、典雅，切忌穿着工作服，带着倦意赴会，这会使东道主感到未受尊重。

(2) 按请柬上注明的时间赴会。既不要迟到，也不要提前(以提前15分钟以内为宜)。

(3) 到达时应先向主人问候致意，再向其他客人问好。

(4) 事前准备好名片，向他人介绍自己时，要用双手捧住名片相赠，切记不要随意丢到桌子上，让别人去捡。接名片时，也要用双手。接到手后应该认真看一下，有时还可有意识地轻读一下对方的姓名和职务，以示尊重和仰慕，不要漫不经心地随手塞进口袋。

(5) 如果有事要早退，应事先向主人说明，到时再告别，悄悄离去，不必惊动其他客人，否则会影响现场气氛。

(6) 有些晚会是在公众场合下举行的，如文娱晚会、影剧晚会等，客人应注意公众场合的文明规范。

(7) 晚会结束后，离去时应向主人致谢。

3. 各种晚会的准备及主持

(1) 晚会的准备

1) 确定晚会的目的，分析其可能性；

2) 根据晚会的目的确定内容或选定节目，并制定具体程序；

3) 选定和布置晚会场地，根据有关礼仪发出邀请；

4) 排定来宾座次，如果是文艺演出，通常把宾席留给主人和主宾；

5) 决定晚会主持人，并与之协商有关事宜；

6) 必要时，还应安排保安人员；

7) 安排符合晚会需要的摄影人员或录像人员，还要准备鲜花。

(2) 晚会的主持

1）公布晚会主题；

2）动员观众欢迎来宾入席；

3）向观众介绍主宾及其随员；

4）请主人、主宾致辞；

5）宣布献花，全场鼓掌；

6）安排来宾同有关公众见面，合影留念；

7）如是文艺晚会，要负责报告节目，并随时调节观众情绪。

三、宴会礼仪

宴会是为了欢迎宾客采取的进餐方式，其规格，上有国宴，下有便宴，依宾客身份地位而定。宴会分为早宴、午宴、晚宴三种，早宴简便，晚宴隆重。现对中西餐礼仪，陪餐、陪酒及座次等礼仪分别叙述如下。

1. 中餐礼仪

宴会的组织一般应考虑以下几个问题：

• 宴请目的是否明确，邀请的对象、范围是否合适；

• 时间与地点选得是否恰当；

• 请柬是否发出；

• 座位安排是否妥当；

• 进餐过程中气氛是否亲切、热烈。

2. 中餐礼仪程序及要求

（1）进入餐厅。进入餐厅前，应将自己的物品妥善安置好。进入席间，首先要跟主人尤其是跟女主人打招呼，然后与邻近的客人握手，互相问好。对长辈要主动起立、让座，对女宾要举止端庄，彬彬有礼。入席前后，尽量与更多的宾客主动交谈，沟通感情，以创造一个良好的、活跃的气氛，切忌独坐一隅，寡言少语。

（2）入席秩序。一般情况下，正式宴会的座位是事先安排好的，客人要等待主人的招呼或安排。即便请柬上写明了桌次和座号，也不要急于就座，就座时要斯文，并向其他宾客表示礼让。男士还应帮助女士，挪动椅子声音要小。就座后，不要敲打或乱掷筷子。

（3）坐在餐桌前的举止、体态。有些人由于忽略餐桌边的举止、体态，往往会给人留下“这个人真没规矩”的坏印象。以下几种举止、体态是缺乏礼貌的，应予避免：

• 进餐时，来回挪动椅子；

• 随意脱下上衣，摘下领带，卷起袖子；

• 随意抽烟、点火；

• 吃饭时将身体贴靠在餐桌边上，将胳膊支靠在餐桌上；

• 说话时比比划划，手势幅度过大，并且边说边用餐具指点别人；

• 频频起立、离座，头枕椅背打哈欠，伸懒腰，揉眼睛，搔头发；

• 两腿颤动，搓弄手指。

（4）进餐须知。进餐时应注意以下礼节：使用餐具不要发出响声，用餐过后，应轻轻放下餐具，不要总拿在手里，更不能用筷子敲打取乐。夹菜时，应礼让主人或长辈，取食动作要快，不要在菜盘里乱翻，一次夹菜不宜太多。进食时，不可伸颈向前接食，而且应该闭嘴咀嚼，不要使邻座听到自己的咀嚼声。

（5）祝酒。作为客人，在主人或其他客人进行祝酒时必须注视祝酒者，停筷静听，决不能低头只顾吃喝。祝酒时众人都要起立，注意起立动作幅度不宜过大。

祝酒一般由主人和主宾先碰杯，再由主人和其他人一一碰杯，也可以同时举杯示意，不一定一个个去碰。

饮酒应控制在本人酒量 1/3 以内，饮酒过量容易失言，甚至失态，以致影响整个宴会的气氛。

(6) 中途离席、退席。应尽量避免中途离席或退席，如果确实需要离席或退席，应向主人说明情况，表示歉意后，方可离去。要等大家都放下筷子，主人示意散席，才可离开。

3. 西餐礼仪

近几年来，随着我国改革开放的深入，西方的一些生活方式逐渐引入中国大众之间。西式宴会礼节比中式更严格一些，讲究非常多，因此，了解西式宴会的礼节，以及懂得西式宴会的做客之道是非常重要的。

(1) 一般应酬礼节。先概括介绍一下参加西式宴会的基本礼节。作为应邀者至少应该了解如下几项：

1) 请柬的回复。正式的西式宴会都是以非常正规的请柬来邀请客人的，无论参加与否，都必须以书面回复，否则将是严重的失礼行为。一般应在收到请帖后第一天内予以回复。

2) 赴会时间。西式宴会对赴会时间要求严格，必须按照预定时间赴会，不能迟到，也不能到得太早。到达后，男女主人会在一定地点相迎，见面时须与主人握手。

3) 服装仪表。在西方，赴宴会非常讲究仪表，女士不化妆往往被看作是失礼，男士也必须修饰一番。正式的西式宴会请柬上，一般都直接注明着装要求等。男士的晚礼服主要有小晚礼服、燕尾服；女士的晚礼服一般为袒胸露背的连衣裙，并配一副较长的手套，脚上要穿一双与衣服相称的长筒丝袜和高跟鞋，一般还要戴耳环和项链。

4）座次安排。正规的宴会，桌子上都标有各位来宾的姓名，自己可按指定的位置直接入座，入席时，客人应从椅子的左边就位，离席时亦应从椅子的左边退出。如果主人没有明确的安排，应该注意有些座位是不能随意坐的。按西方习惯，方桌近门口的一端是女主人的位置，另一端是男主人的位置。主宾的位置靠近主人的身边，女主宾坐在男主人的右边，男主宾则坐在女主人右边。

5）注意女主人的举动。女主人自始至终是宴会中的真正主人，当女主人从座位上站起来迎候迟到的客人时，已经坐定的男宾也须陪同其站起来，每一道菜上来后，经女主人打招呼，客人才能进食。

6）退席与告辞。参加宴会的客人一般不应中途退席，确实需要退席时，要向本席的主要客人告辞，并向在场的其他客人点头致意后方可离去。

（2）餐巾用法。餐巾又称“口布”，在入席前，每位客人的面前都放有一条白色的餐巾，用途是为了避免进食时弄污衣服以及餐毕擦手上和嘴上的油渍。餐巾的用法有许多讲究，现简介如下。

宴会开始时，主人拿起餐巾，这是进餐的信号。客人只可随后拿起餐巾，否则为失礼。参加宴会时必须将餐巾铺在大腿上。较大的餐巾，通常只打开一半，对折摊开使用。

如临时离席，应将餐巾折好放在椅子上，如果将餐巾放在桌子上，意味着不想再吃，主人或招待员就将停止上菜。

可用餐巾擦手擦嘴，不能用餐巾擦杯盘刀叉或当抹布使用，否则，就是对主人和招待员不信任的表现。

（3）餐具用法。中国人进餐习惯于使用筷子和汤匙，而西方人则习惯于使用刀叉，并且十分讲究。因此，有必要了解和掌握一些西式餐具的用法。

1）刀叉用法。一般情况下，盘子放在餐桌正前方，右侧放刀，左侧放叉。最大的餐刀、叉子是吃正菜用的，小餐刀是涂黄油用的，略小一点的叉子是吃沙拉用的，最小的叉子是吃海鲜用的。进餐时，刀叉使用有一个原则，那就是先用摆在最外面的刀叉，每上一道菜使用一副餐具，使用后放在盘子里，如果不懂，可照女主人的样子去做。使用过的刀叉不要放在桌布上，必须放在盘子里，席间谈话，可不必放下刀叉，但如果要做手势，就要放下刀叉，不能手拿刀叉在空中比划。

无论在哪里就餐，餐前均不能以指拭刀叉。取食面包应该用手去拿，绝对不能用叉子去叉，涂黄油时，应从面包上掰下一块，用刀抹上黄油再吃，而不是把整个面包都抹上黄油。

中途离席后，如果还要回来就餐，就要把碟子上的刀和叉摆成“八”字形。用餐完毕应将刀叉放置成“11”形。

英国人与美国人使用刀叉的习惯略有不同。在切分肉食时，美国人左手拿叉子按住肉块，右手拿刀子把肉切开，然后把刀子放在菜盘上，再将叉子移到右手，然后叉住食物送入口中。英国人则是左手拿叉子按住肉块，右手拿刀子把肉切开，且继续拿着刀子，左手拿叉子叉住食物送入口中。

2）匙勺用法。西式宴会上使用的匙勺有餐匙、汤匙和茶匙。喝咖啡用的小勺等，一般按使用顺序先后摆放。西餐的正餐一般从汤开始，汤匙放在右侧的最外边，拿法是：用大拇指按住一边，用其他几个手指托住另一边。喝汤时，应用汤匙从汤盘里舀汤，注意要由内往外舀，如果从外往里舀是很失礼的，不可使汤滴在汤盘外面，喝完汤后应把匙勺放在汤盘里面，不能放在菜盘和餐桌上。

3）杯盘用法。在西餐桌上，刀、叉和盘子的右上方往往摆的是几个高脚玻璃杯，包括凉水杯、红葡萄酒杯、白葡萄酒杯和香槟酒杯等。在菜盘的右边放有茶杯，用来喝咖啡或茶。餐桌的每个座位上摆放一些盘子，大菜盘的左边放有一个沙拉盘，沙拉有时用碗盛装，有时直接放在菜盘上，在菜盘撤走后，还要端来甜食盘。吃完甜食，应将甜食盘留在原来的地方。

4）水盂用法。西餐桌的左上方摆有一个金属或玻璃小容器，里面盛满清水，在正式的宴会中，里面还常放有柠檬片或玫瑰花瓣，这是水盂，是供洗手用的，切不可把它错当喝水的碗。尽管水盂在宴会开始时就自始至终摆在那里，但是一般情况下是在吃过甜食之后使用。洗手的时候，把双手的手指放进盂内轻轻洗一下，然后把两只手放在低于桌面的地方用餐巾擦干即可。有时水盂在吃虾后端出，这时可以一边吃一边使用。

吃西餐的讲究非常多，在一个细微的吃法上不注意，就会出现失礼行为，下面介绍几项必须注意的细节：嘴里含有食物时，不能同别人谈话；喝汤时要用汤匙一勺一勺送进口中，不能用嘴唇去吮吸，发出响声；用过的金属用具不能放在桌子上，必须放在盘子上；进餐时同别人谈话，要放下刀叉，不能用刀叉比比划划地同别人交谈；绝对不能用餐刀把整盘食物都切成小块后，一块块叉起来吃，而应切一块吃一块；从盘中取用菜肴，一定要使用公用的叉子和调羹，千万不能用自己用过的餐具去取；如果不慎把餐具掉在地上，不要马上俯身去捡，再换上一套干净的餐具即可；遇到自己不爱吃的菜时，不要拒绝或解释原因，而应略尝一点；不能自己越过别人的面前或者站起来伸手去取菜肴或调味品，要请别人传递；不能往菜盘里倒调味酱；发现菜肴或杯子中有脏物时，不要大声叫嚷，而应悄悄告诉服务员，让其拿走新换一份来，换菜盘和餐具也是如此；饮料上来时，切忌立即端起就喝，要先用餐巾纸和餐巾把嘴唇擦一下再喝；当主人或服务员来斟酒时，不要把酒杯拿起来，而应把它放在餐桌上，喝完酒，酒杯不能乱放，应放回原处；正式宴会上，不能把饼干泡在汤里，或者拿饼干蘸汤吃。

4. 陪餐、陪酒礼节

陪餐、陪酒是宴会中必不可少的礼节。主人宴请客人是为了实现自己的某种目的，因而总会请一些有身份的和有一定地位的知己或朋友来陪客。陪餐、陪酒人员不是为了单纯的喝酒，而主要的任务是“陪”。

陪餐、陪酒人员在“陪”客时须注意以下礼节：

（1）陪餐、陪酒人员必须按照主人的意图去“陪”，而不能在陪酒时“喧宾夺主”。

（2）陪餐、陪酒人员必须尊重客人的风俗习惯，不能强行劝酒，否则将适得其反。

（3）陪餐、陪酒人员在用餐过程中必须尊重主人的意见，主人举杯祝酒完毕之后，陪酒人员方能给客人一一敬酒。

（4）陪餐、陪酒人员不得只顾自己吃喝而不顾客人，要主动和客人交谈，必须帮助主人实现愿望。

5. 席次排定

按国际上的习惯，桌次高低以离主桌位置远近而定，左高右低，桌数较多时，要摆桌次牌。

如用圆桌，有下列几种排法：

例 1.

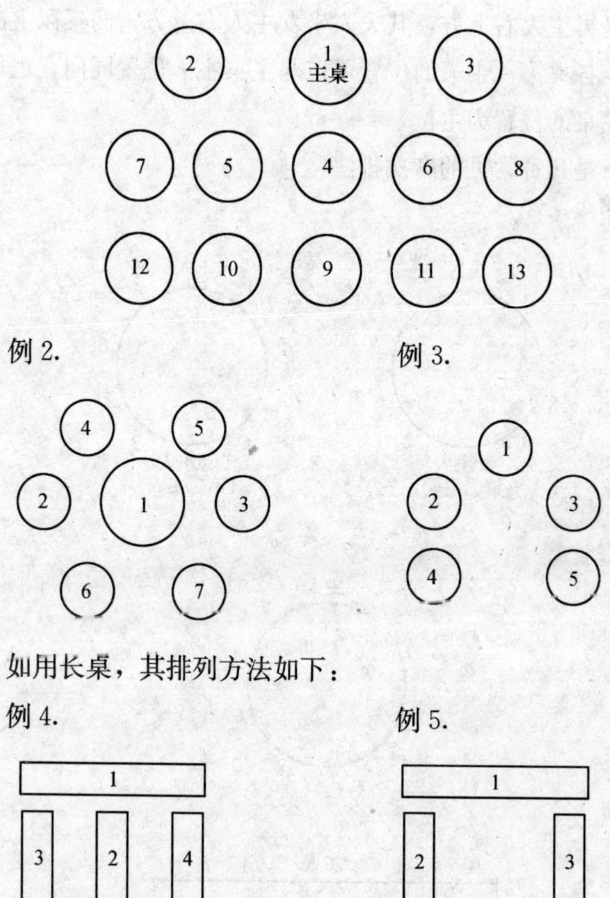

例 2.

例 3.

如用长桌，其排列方法如下：

例 4.

例 5.

客人席次，如是正式宴会，特别是有外宾参加的话，应该排定，而且，要在入席前通知每一个出席者，使大家心中有数，现场最好由服务人员引导。

在外国，席次的安排往往习惯于男女穿插安排，以女主人为准，主宾在女主人右上方，主宾夫人在男主人右上方。我国习惯按客人职务排列以便于谈话，如夫人出席，常把女方排在一起，即主宾坐男主人右上方，其夫人坐女主人右上方，两桌以上的宴会，其他各桌第一主人的位置可以与主桌主人位置同向，也可以以面对主桌的位置为主位。

以下是几种常见的席次排法：

例 6.

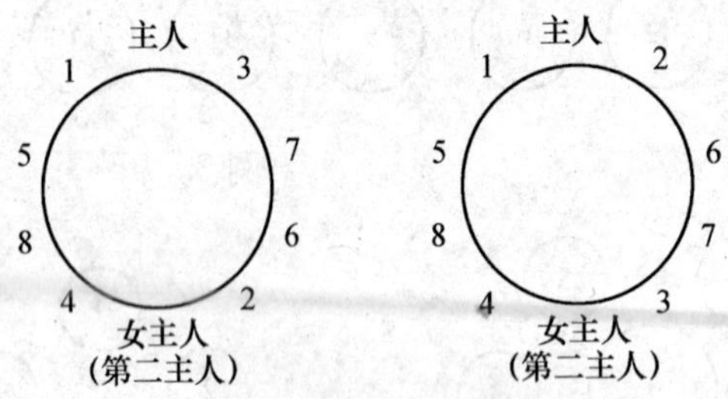

例 7.

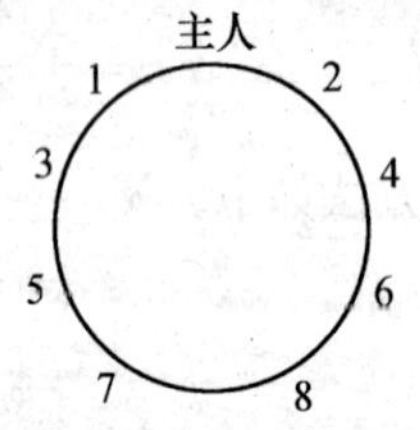

例 8.

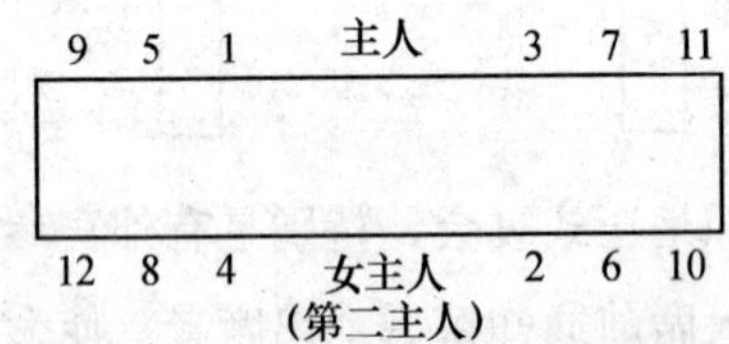

例 9.

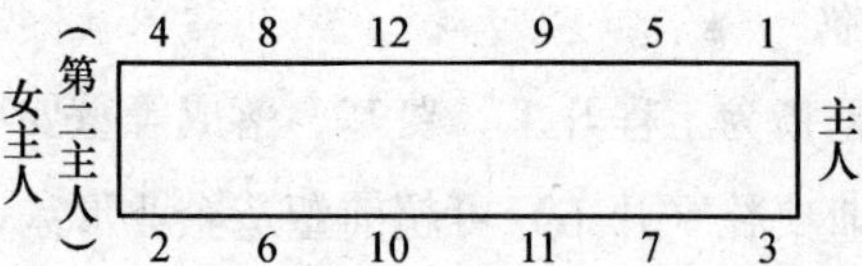

例 10.

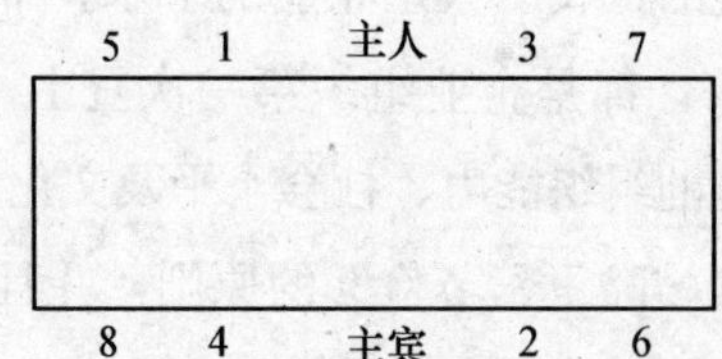

例 11.

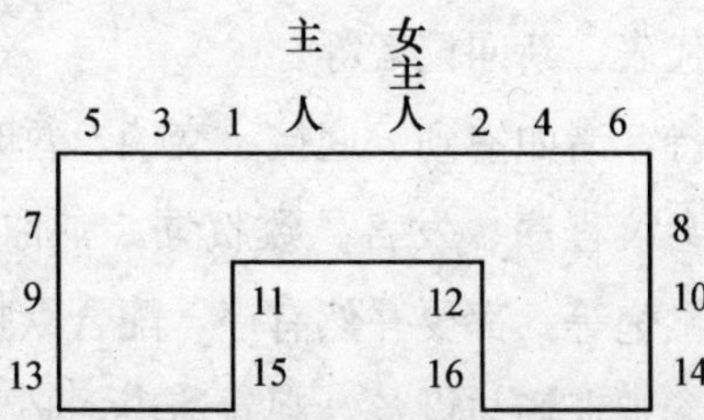

例 12.

四、开业、剪彩等庆典礼仪规范

开业、剪彩等项活动归根结底是属于公共关系的专题活动。开展专题活动的目的是宣传企业，以激起社会公众的普遍关注和积极支持。

1. 开业礼仪

开业一般是指为工程开工、奠基、落成等重要项目而举行的隆重活动。开业典礼（开工）可超前塑造企业形象，为未来的成功制造舆论。落成典礼可宣传成果，为走向社会和市场迈开第一步。诸如新型飞机的试飞、大型轮船的下水、中外合资的签约、重点项目的投资等，都是企业组织第一次登上“社会大舞台”，往往体现举办单位的组织能力、社会水平及文化素质。举行开业典礼要遵循“热烈、隆重、节俭”的原则，并且必须精心组织，一般来说，应注意以下几个方面：

（1）要拟出来宾的名单，包括政府官员、相关组织的负责人、员工及公众代表、新闻记者等。

（2）做好接待，诸如签到、迎接、交谈、暂时休息等。

（3）安排好会议程序、发言、致贺词、录像、摄影、剪彩、辅助性的乐队、鞭炮等，都要井然有序，配合默契。

（4）会后，参观现场与设备，观看演出，必要时伴以舞会。

2. 剪彩礼仪

（1）剪彩活动的形式和步骤。剪彩仪式隆重而又热烈，准备工作要求严密而又扎实。

剪彩活动的步骤大致如下：

1）请会议参加者入座。如果不是对号入座，可提醒会议参加者坐定，对邀请坐在主席台上的人事先要予以通知，到时由工作人员引领入座。

2）宣布剪彩仪式开始。会议主持人公布参加剪彩仪式的领导、知名人士，同时向他们表示谢意。

3）安排简短的发言。发言人一般以安排展览会、展销会或新设施的负责人担任为好。发言的内容多与剪彩目的相符，并对有关过程进行汇报。同时，也可安排其他有关部门的人员做祝贺性的发言。

4）进行剪彩。剪彩时，主席台上的人员一般要尾随于剪彩人之后 1～2 米处，待剪彩完毕，转身向四周群众鼓掌致意。

（2）剪彩者的举止要求。剪彩者一般由客人担当为好，或是请上级领导、主管部门的负责人以及某一方面的知名人士担当。

剪彩者进行剪彩时，在举止方面应注意以下几点：

1）注意着装打扮。剪彩者的穿着打扮，不管本人有意无意，总会在周围人的心目中引起一种反应。可能是愉快感和尊敬感，也可能是厌恶感和鄙弃感，由于它直接地关系到剪彩者的形象和仪式的效果，所以，剪彩者的穿着要注意整齐、干净和利落，以求给人一种精干和文明的好印象。

2）掌握仪表举止。剪彩者保持一种稳重的姿态，当走向将要剪彩的绸带时，要面带微笑，步履稳健，而且全神贯注，不要和任何人打招呼，否则就有失礼。在剪彩之前，神态庄重、喜悦，当工作人员用托盘呈上剪彩用的剪刀时，可用微笑表示谢意。在剪彩之前，也可用微笑向手拉绸带的左右两边的工作人员表示谢意。然后，聚精会神地一刀剪断绸带。

3）谈笑要有节制。剪彩完毕，应转身向四周的人们鼓掌致意，并与主人进行礼节性的谈话，但时间不宜过长，无休止的高谈阔论或旁若无人的纵情谈笑，在这种场合同样是不合礼仪的。

五、婚丧司仪

1. 婚礼司仪须知

结婚是人生中一件大喜事，我国现行的婚礼形式，因各民族、地区、家庭以及新郎和新娘文化素养不同而有较大的差别。概括起来，可分为新式婚礼和旧式婚礼两大类。

在新式婚礼中，目前有三种不同的形式，即集体婚礼、旅行结婚和新事新办。与新式婚礼相比，旧式婚礼显得程序繁琐、礼仪复杂，而且带有不少封建迷信成分。

举行结婚典礼是人们非常关注的一件事。因此，要特别注重礼节。

（1）要提前向亲朋好友发出邀请，采取请柬式通知。邀请亲友时，除了单身者外，一般应邀请夫妇俩一起参加。

（2）结婚之日，来往的亲友很多，许多客人来来往往，新郎、新娘在这天无论与谁接触，都要面带微笑，彬彬有礼，对客人都要称呼和招呼，决不可傲慢无礼或冷淡客人。

（3）新郎、新娘在这天要耐心、大方、周到。大喜之日，往往也是大忙之日，遇上特殊情况时，作为新人，既不能急躁，也不能埋怨，新郎、新娘之间更要互相体谅；如果亲朋好友打趣，如敬酒、介绍恋爱经过等，新郎、新娘决不可因怕羞而过多推托，相反，应相机行事，灵活处理。对于携带小孩来赴宴祝贺的宾客，新郎、新娘不要因为紧张、忙碌而忽略了对小客人的热情关照。

（4）在结婚当天宴会开始之前，亲朋好友到齐之后通常要举行结婚仪式。结婚仪式一般包括以下几项程序：

第一，奏喜庆乐、鞭炮齐鸣，扩音机里要播放欢快的乐曲。

司仪人宣布婚礼开始后，新郎、新娘随乐曲声双双步入婚礼厅。

第二，行鞠躬礼。按司仪人的安排，此礼通常分三个层次：首先，新人向尊长和前辈、亲友一一行鞠躬礼；其次，新郎、新娘互行鞠躬礼；最后，新人向全体来宾行鞠躬礼。

第三，介绍人讲话。介绍人可以简要介绍一下双方恋爱经过，并祝福新郎、新娘婚后幸福。

第四，尊长或父母讲话。可以由来宾或亲友中辈分、声望较高的人即席讲话，也可变通办法，要求新郎、新娘唱一支歌，以示对所有到会者的感谢。

第五，宴会开始。这时，新郎、新娘应从主桌开始，逐席向来宾敬酒一轮，婚礼的仪式至此即告一段落。

酒宴之后，有条件的话，还可以举办小型的舞会或放电视录像助兴。

若举行集体婚礼，还应有证婚人或领导讲话。

结婚仪式既有一定的规范性，也有一定的灵活性，因此，在实施过程中要根据实际情况而定。

2. 追悼会司仪须知

我国民间的传统丧礼相当繁琐，又因地区不同，差异很大。解放以来，经过大力提倡移风易俗，丧礼中的迷信色彩已大为减少。

为了悼念逝者，现在一般都采用开追悼会的形式。追悼会有的在遗体所在地开，有的在殡仪馆或火葬场开。

开追悼会的一般程序如下：

(1) 先布置好追悼会的会场。一般在追悼会的会场中央放遗体和遗像，遗像旁安放主要亲属赠送的花圈，会场中央上方悬挂横幅（黑色或蓝色），用白纸黑字写“×××追悼会”字样。

（2）由事先委托的逝者亲友，在会场门口代表家属迎候别的亲友和来宾，发放黄花或黑纱。

（3）宣布追悼会开始，奏哀乐。

（4）主持者就位。

（5）由治丧委员会代表或主要领导致悼词，无单位领导参加的，则由逝者家属的代表致悼词。

（6）来宾致哀辞或发言。

（7）众人绕遗体一周，向遗体告别。

（8）向逝者亲属表示安慰。

（9）在哀乐声中将遗体送入火葬场。

（10）追悼会结束。

第三节　商务活动礼仪

一、商务谈判的组织规范

从事商务谈判活动是一项复杂的、高级的劳动，需要谈判人员体力和脑力劳动的付出，长时间持续的、紧张的谈判活动有时可以使谈判人员精疲力竭，以至于影响谈判活动的顺利进行。因此，商务谈判的组织十分重要。组织商务谈判，主要应注意以下几点。

1. 谈判人员的组织

参加谈判的双方人员一般由以下四个方面的专业人员组成：商务方面的谈判人员，技术方面的谈判人员，法律方面的谈判人员和金融方面的谈判人员。谈判小组一般由 3～5 人组成，每个方面各司其责，但又相互配合。

2. 谈判程序的确定

要想使整个谈判过程井然有序，就应事先确定谈判程序，先说什么后说什么都要做到胸中有数。

3. 谈判时间、谈判地点的确定

无论是谈判时间，还是谈判地点，都应根据双方谈判的需要来确定。

4. 谈判的日程安排

为了使整个谈判有计划地进行，谈判之前就必须确定谈判的日程，以便使谈判能够按计划顺利地进行。

二、洽谈人员必须注意的礼节

业务洽谈一般都在小范围内进行，参加洽谈的人员应注意以下礼节。

1. 自我介绍要得体

在介绍时，不必过于拘泥礼节，如果大家是同行，就应表现得自然和轻松，介绍时应姓、名并提，还可以简单说明自己的单位、职务等。问人姓名时要注意使用礼貌用语，例如，说“请问尊姓大名”，或说“对不起，不知怎么称呼您”。

2. 提问要注意方式

在业务洽谈中，提问一定要讲究礼貌：一是要注意内容，不要总是问对方难于应付的问题，二是发问要委婉，三是如果提出的问题对方一时应答不上，或不愿意回答，就不宜生硬地追问，而要善于调换话题。

3. 回答要实事求是

在对方提出问题后，要针对对方的心理给予回答，不能“王顾左右而言他”。如果对方对某个问题不了解，要以浅显易懂的语言进行解释，切不可流露出“连这也不懂”的鄙夷神色。如果有些问题不便回答，则可婉言说明，要避免出现僵局。

三、商务洽谈座次安排的礼仪规范

各方的谈判人员在谈判过程中所处的座次顺序，可以体现谈判双方平等互利的相互关系，可以创造轻松愉快的良好环境，有助于提高谈判效率，使之产生满意的效果。根据谈判的不同性质、不同内容以及不同的参加人数，谈判座次的安排一般有以下三种形式。

1. 相对式

这种形式是指双方谈判时，双方代表相对而坐，座次取中为上，其他人员按次序分坐两边。相对式谈判座次排列适于各种类型的谈判，是谈判普遍采用的形式，上至国家级的双边关系谈判，下到个人之间的谈判都可采用。

2. 并列式

这种形式是指谈判双方首席代表并列而坐，其他代表依次坐下或在后排就座，如果双方人员较多，次要代表还可以在后排站立。这种谈判形式适于大中型谈判或较为庄重、严肃的谈判。并列式座次排列可以显示谈判双方是在和平、友好、平等的基础上进行谈判的，它是外交谈判中常见的一种形式。

3. 圆桌式

这种形式是指谈判双方或多方代表环桌而坐进行谈判。这种形式适于中小型谈判，尤其适于酒会或工作餐前所举行的谈判。圆桌式座次安排不如前两种形式讲究，但具有轻松活泼、融洽随和的特点。谈判座次排列可依据具体情况加以调整和安排，一般除某些外交场合须依国际惯例而定外，其他情况都可灵活掌握。合理的座次安排可以提高谈判效率，反之，则会使谈判气氛不和谐而导致谈判效果不理想，严重的会使谈判破裂。

四、商务洽谈中断后的礼节

在商务谈判中，因为双方意见发生分歧往往会使谈判中断，面对这种情况，作为谈判人员，不能急躁，而应注意以下几方面的礼节。

1. 尊重对方，重视信誉和自身形象

商务谈判过程中由于意见不一致，导致谈判中断，在这种时候，谈判人员就应理智一些，不能因此而大发脾气，暴跳如雷。这样不仅会引起对方的反感和不满，而且有损于企业或团体的信誉和自身的形象。

2. 不要轻易单向地向外界发布信息

商务洽谈中断并不等于谈判破裂，若谈判者单向地向外界发布信息，必然会给谈判带来更大的困难，同时，这也是对对方不尊重的表现。

3. 要注意谈话礼节

谈判中断后，谈判人员在谈话时应特别注意谈话的礼节：一是言辞不能过急，更不能嘲讽或讥笑对方；二是谈话语气要亲切、温和，不能咄咄逼人，使人难堪。

4. 要以礼相待

谈判人员不能因为谈判中断而对对方失礼，应多方面地理解对方，并明确表示愿意和对方长期合作。为求做到以礼待人、以情感人，应在理解的基础上，真诚地宽容对方，如果对方系蓄意刁难，则又另当别论。

五、商务洽谈的礼貌语言

语言是谈判的媒介物。谈判语言是谈判双方进行心理沟通、获取信息的主要手段，它的使用具有高度的技巧性。

首先，恰当的陈述可以直接、明确地把本方想让对方知道的信息传递过去。在陈述自己的见解时，应尽量避免或尽可能少地加入个人的感情因素，谈判的破裂有时就是源于一个感情色彩强烈的词汇。

其次，肯定明确的态度可使对方重视现实。这时，最佳的语言运用效果应该是既维护了自己的立场，又暗示了对方变通的可能，迫使对方让步。

语言是信息的媒介和载体。所以，谈判者应该利用语言直接获得信息，恰当的提问不仅可以控制谈话的内容，还可以确定谈话和辩论的方向，驾驭谈判的进展。但提问要委婉，不可唐突，以免使对方因尴尬而产生不愉快的反应。谈判语言的运用是谈判中的关键，谈判人员应尽可能使自己的语言标准化、规范化。

六、商务洽谈成功后的签字仪式

1. 签字仪式的准备工作

在举行签字仪式之前，双方首先应做好文本的准备工作。有关单位应及早将文本的定本、翻译、校对、印刷、装订等工作做好，同时，应准备好签字的场所和文具（签字笔）、国旗等物品。此外，还要与对方商定协助参加签字人员，并就安排双方协助参加签字人员洽谈有关细节。

2. 签字厅的布置

举行签字仪式时，一般应在签字厅内设置方桌一张，作为签字桌。桌面上覆盖深绿色的厚台布，桌后放两把椅子，作为双方签字人员的座位，其位置安排是主左客右。座前，摆的是双方各自保存的文本，文本上端分别放置签字文具，如是中外签约仪式，中间要摆一个旗架，上面悬挂签字双方的国旗。

3. 签字仪式的举行

在签字仪式开始之前，参加仪式的双方人员进入签字厅。当签字人员入座时，其他人员分主客各一方，按身份顺序排列于各自的签字人员座位之后，双方协助参加签字人员分别站立在各自签字人员的外侧，协助翻揭文本及指明签字处。待签字人在保存的文本上签字完毕后，由协助参加签字人员互相传递文本，让签字人员再在对方保存的文本上签字，然后由双方签字人员交换文本，并相互握手。有时在签字之后还备有香槟酒，请双方在场人员共同举杯庆贺。按照惯例，参加签字仪式的，基本上应是双方参加会谈的全体人员。如一方要求某些未参加会谈的人员出席，另一方应予以同意，但双方参加的人数要大体相等。

七、接待外商的礼节

随着对外开放的深入，我国企业与外国企业的交往日渐增多，对外商务接触的礼仪也不能不引起我们的重视，这方面主要应注意的事项有以下几点。

1. 介绍

在交际场合结识朋友，可以由第三者介绍，也可通过自我介绍认识。首先，要了解双方是否都有结识的愿望，然后才能进行介绍。无论自我介绍或者为他人介绍，做法都要自然。

2. 握手

在商务接触的场合，一般通过相互介绍，初次会面时，应相互握手，握手时可边握边问候，但握一下即可，不必用力。

3. 拥抱

在对外商务活动中，要注意外国的拥抱礼节。外国人在关系密切的妇女之间是亲脸；在男子之间是抱肩拥抱；在男女之间是贴面颊；而晚辈与长辈之间一般是亲额头。

4. 谈话

与外国人谈话时，应注意要经常使用礼貌语言，一般来说，在见面时要先说“早安”“晚安”“您好”“一切都顺利吗”，在分手时常说“很高兴与您相识，希望再有见面的机会”“再见，祝您愉快”等，但要注意不能唐突地询问妇女的年龄、婚否，也不能径直询问对方的履历、工资收入、家庭财产和衣饰价格等私人生活方面的问题。

5. 尊重各国风俗习惯

各个国家都有其本身特殊的风俗习惯，在与外国人交往时，应当特别注意，以示尊重。

八、营销人员礼节

市场营销是企业以满足消费者需要为中心，以获取最大整体效益为目的而进行的市场经营活动，其范围包括引导商品（或劳务）从生产者手中到达消费者手中的一切经营活动过程。要实现企业的目的，离不开市场营销人员。市场营销人员为了更有效地进行营销活动必须注意以下礼节。

第一，要牢固确立维护消费者利益的观念，“顾客是上帝”“顾客至上”正是这一观念的具体表现。营销人员在营销活动中必须自始至终地牢记顾客，对顾客热情、尊重，应注意树立自身和企业的形象。

第二，语言要亲切，声调要适中。营销人员在外进行营销活动要尽量讲普通话，要适时运用好“10 字”礼貌用语，多使用“别客气”“打搅了”“请稍等”“早上好”“晚安”等基本用语；不能用“喂”“哎”等不礼貌的语言来呼唤客户，特别是在推销商品时应做到有问必答，不可漫不经心、怠慢不理，不能粗言粗语，也不能用“大概”“也许”“可能”等含糊不清的语言来回答客户，更不能欺骗顾客。

第三，介绍商品时应杜绝不实之词，不搞“恐惧诉求”，要和顾客建立和谐的关系，增强顾客对自己的信赖感，让顾客自然地进入自己的“影响圈”。同时，营销人员要充分了解商品，中肯地介绍商品，以引起客户的注意，使客户产生购买的欲望。

推销商品时，要寻求顾客真正的需要，并以示范来说服对方，或用自己的建议使对方感到满意。一名营销人员如果善于进行坦率、直接、诚恳而有礼貌的谈话，无疑将会美化自己的形象，从而有利于商品的推销。

习　题

1. 什么是公关场合的交际？怎样理解交际这一概念？
2. 交际有哪些特点和作用？
3. 舞会有哪些种类和形式？
4. 舞会有哪些礼仪要求？
5. 晚会有哪些种类和形式？晚会有哪些礼仪规范？
6. 宴会有哪些礼仪规范？
7. 宴会的席次排定有哪几种排法？
8. 商务洽谈有哪些礼仪要求？

第九章　宗教、民俗礼仪及同外宾、港澳台人士交往的礼仪

第一节　重视宗教礼仪的意义

宗教是人类社会发展到一定阶段出现的历史现象，有其产生、发展和消亡的过程。宗教信仰、宗教情感以及与这种信仰和情感相适应的宗教仪式、宗教组织等，都是社会的、历史的产物。宗教属社会意识形态，是上层建筑的一部分。

宗教礼仪是宗教信仰者为了表达对崇拜对象的尊敬和崇拜而规定的各种礼节、仪式与活动，是巩固和发展宗教信仰、宗教组织、宗教情感的重要手段。

《中华人民共和国宪法》第 36 条规定："中华人民共和国公民有宗教信仰自由。任何国家机关、社会团体和个人不得强制公民信仰宗教或不信仰宗教，不得歧视信仰宗教的公民和不信仰宗教的公民。国家保护正常的宗教活动。"这是我们尊重宗教礼仪的法律依据。

了解宗教礼仪，尊重不同民族不同宗教信仰的习惯，对于公共关系工作的开展具有不可低估的作用。

首先，国际社会中，宗教徒和宗教信仰者所占的比例很大。例如，伊斯兰教就在许多国家和地区居于统治地位，是国际社会中一支不可低估的政治力量。又如，基督教历史悠久，在某些国家几乎是作为一种重要文化现象存在的，其宗教文化已融入了社会生活的各个领域。从我国众多的周边国家看，佛教也有很大的影响。随着对外开放的深化，我们要走出国门，参加国际大流通，就必须了解并适应有关的宗教礼仪。

其次，我国是一个多民族的国家，宗教信仰与民族习俗交融在一起，体现了民族的特征和个性。承认和尊重民族的特征与个性，就要了解一些宗教礼仪。战争年代，刘伯承同志与少数民族首领歃血为盟的礼仪带有浓郁的原始宗教的色彩，正因为如此，红军才能出其不意地从险恶的环境中得到解脱。由此可见，尊重宗教礼仪是与尊重民族感情联系在一起的，也是维护和加强祖国民族团结的需要。

最后，宗教礼仪是一种文化现象。穆斯林在交际中常用盥沐的礼仪表示虔诚和对客人的尊重，西藏僧俗在庆典活动中，总是手摇经轮以表示崇高和庄严。一般来说，具有宗教礼仪知识是行为人文化素养的一种表现。在特定的宗教文化圈内，若能表现出全面与专门的宗教礼仪知识，则有利于交际空间的扩大。

第二节　宗教礼仪的一般规范

我国是一个多民族的国家，也是一个多宗教的国家，主要有基督教、佛教、道教、伊斯兰教四种宗教。此外，有些少数民族还信奉原始的自然崇拜，如太阳神教等。

不同宗教、不同教派乃至不同民族的同一教派，其宗教礼仪都是有差别的，但是，也有共同的或相似的地方。归纳起来，各种宗教礼仪的内容主要有以下几个方面：祭献、节庆、礼拜、忏悔、祝福等。

一、基督教和天主教礼仪

1. 基督教

基督教与佛教、伊斯兰教并称为世界三大宗教。

人们常说的耶稣教、基督教、天主教、东正教，从本源上说都是信奉耶稣，并以耶稣为救世主的宗教。它们之所以有不同的名目，是因为在宗教发展过程中，原有的宗教分裂为一些不同的大的教派。尽管教派不同，派名不同，但是，以《圣经》（包括《旧约全书》和《新约全书》）为根本经典，以耶稣为创教人，以十字架为崇敬的神器都是共同的。

2. 基督教与天主教的区别

基督教（新教）和天主教（公教）同源，它们有许多相同和相近的地方。由于两教派分离已有 400 多年，所以在教义、神学、组织、制度、礼仪等方面存在一些差别。

（1）基督教所用《圣经》有 39 卷；天主教所用的《圣经》则有 46 卷。

（2）我国基督教将所奉至上神称为上帝；天主教则称为天主，天主教即以此得名。

（3）基督教和天主教的十字架都为横短竖长，天主教的十字架上有耶稣受难像；而基督教的十字架上则没有耶稣像。

（4）天主教的主要崇拜活动是弥撒，以纪念耶稣的受难牺牲，程式固定，神父每天做弥撒，除正台弥撒外无讲经一项；基督教称经常的崇拜活动为礼拜，形式灵活多样，讲道为一项主要的内容。基督教称崇拜场所为礼拜堂，也称教堂；天主教则将其称为教堂或天主堂。

（5）天主教神职人员的圣衣比较华美，形式和颜色都有严格规定；基督教神职人员的圣衣比较简单，形式不一，一般为白袍或黑袍。

3. 基督教的主要节日

（1）圣诞节。公历 12 月 25 日为耶稣基督诞生的日子，这一天定为圣诞节。圣诞节是全世界基督教最隆重的日子，也是欧美各民族一年之中最重要的节日。这一天，通常要举行各种形式的娱乐和庆祝活动，主要有“圣诞夜”“圣诞马槽”“圣诞树”“圣诞老人”“圣诞贺片”“圣诞歌”“圣诞蛋糕”“圣诞蜡烛”“圣诞花”“圣诞鸡”“圣诞箱”等。

（2）复活节。复活节是基督教中内容仅次于圣诞节的一个重要节日，传说耶稣死后在这一天复活。复活节定在春分月圆后的第一个星期日，即公历 3 月 21 日至 4 月 25 日之间，每逢复活节来临，教会都要举行隆重的纪念礼拜，人们相互赠送复活彩蛋，复活彩蛋由鸡蛋涂上各种颜色而成，在古代，鸡蛋象征着生命，并被视为耶稣复活的坟墓。西方各国在复活节时，都要举行传统的游行庆祝活动。美国的游行队伍还化了妆，其中有最受人们喜爱的卡通人物米老鼠和唐老鸭。其他国家的游行队伍也都具有各自的民族特色。

（3）受难节。受难节是基督教的又一个重要节日，传说耶稣在这一天因被门徒犹大出卖而被罗马帝国当局钉死在十字架上。据《圣经》记载，这一天是星期五，而耶稣于死后第三日复活，所以，教会规定受难节在复活节前两天。

基督教的主要节日还有圣灵降临节（复活节后第 50 天，又称五旬节）、显现节（公历 1 月 6 日）、耶稣升天节（复活节后第 40 天）、棕枝主日（复活节前一周的星期日）、三一主日（圣灵降临节后的星期日）和诸圣节（公历 11 月 1 日）等。

4. 基督教的主要礼仪

（1）礼拜。即基督教徒每逢星期日在教堂内举行的宗教聚礼，它是基督教最经常和最主要的宗教礼仪。礼拜一般由教堂内的牧师主持，有固定的礼仪程序，通常包括祈祷、读经、唱诗、讲道、祝福等内容。

（2）圣事。也称圣礼，是基督教的重要礼仪。基督教认为，圣事是耶稣基督亲自定立并且有一定形式的宗教礼仪。基督教的圣事主要有“洗礼”和“圣餐礼”。洗礼又称圣洗，是教徒入教的形式，分注水洗礼和浸礼两种。圣餐礼，原意为“感谢祭”，是基督教的神交圣礼。耶稣在受难前夕和其门徒举行最后的晚餐时，拿起面饼和葡萄酒祝祷后分给门徒说：“这是我的身体和血，是为众人免罪而舍弃和流出的。”因此，圣餐礼成为基督教为纪念耶稣受难而举行的一种仪式，由牧师作为主礼人，对面饼和葡萄酒进行祝圣，然后分与正式信徒食用。

（3）祈祷。也称念经。基督教的祈祷就是向上帝和耶稣基督祷告，其内容可以是认罪、感谢、祈求和赞美等。祈祷有心祷、口祷、私祷、公祷、成文祈祷和随口祈祷之分。举行祈祷时，由牧师作为领祷人主领祈祷，祈祷完毕，参加者同声呼喊“阿门”。

5. 天主教的主要节日

圣诞节与复活节也是天主教的主要节日，除此以外，还有以下几个节日。

（1）圣灵降临节。也称“圣神降临瞻礼”，由于时间在复活节后第50天，所以也称“五旬节”。这一节日是为纪念耶稣复活升天后派遣圣神降临的事迹而设立的。

（2）圣母升天节。也称“圣母升天瞻礼”，指童贞圣母死后，她的身体完好无损地由天主全部提升天堂。这是天主教特敬圣母的信仰。教会规定，公历8月15日为“圣母升天节”。这一天，教徒要进行纪念亡人的活动，如上坟、扫墓等，相当于中国的清明节。

天主教的其他节日除了与基督教的相同外，还有圣母圣诞节（公历9月8日）、圣母进殿节（公历11月21日）、圣母领报节（公历3月25日）、圣母献耶稣于天堂瞻礼（也称“献主节”，公历2月2日）、举圣架节（公历9月14日）等。

6. 天主教的主要礼仪

天主教有一整套系统的礼节和仪式，并以这套礼仪与教堂相配合，制造出一种庄严、肃穆的气氛，来渲染天主教的神圣与崇高。

（1）洗礼。洗礼是天主教的入教仪式，又称为“圣洗”，据称是耶稣亲自定立的圣事，受了洗礼的人才能算正式信徒。洗礼的方式有点礼和浸礼两种。点礼是指由神父用手沾“圣水”（祈祷祝圣后的清水）点在受洗礼人的额上，或点水在受洗礼人的额上画一个“圣号”（十字），并口念“奉圣父、圣子、圣灵的名，为你施洗”的祷词。浸礼是指主礼人与受洗礼人将全身浸入教堂特设的“浸礼池”中，由主礼人扶着受洗礼人快速在水中浸一下全身，并口念“奉圣父、圣子、圣灵的名为你施浸”的祷词。经过洗礼，即可赦免受洗礼人的原罪和本罪，并赋予他恩宠和印记，使其成为教徒，有权领受其他圣事。

（2）坚振礼。入教者要在受洗仪式完毕的一定时间后，接受主教的按手礼和敷油礼。按手礼是指主教以双手按在跪着的领坚振者的头上，并诵经“天主，求你派遣圣神降临到他们心中，赐给他们智慧、聪明、超见、刚毅、明达、孝爱及敬畏七恩”，众人齐答“阿门”。敷油礼是指主教以右手拇指蘸坚振圣油，在领坚振者的额上画十字，同时口念“请借此十字印记，领受圣神”，众人齐答“阿门”。然后唱圣歌，祈祷，礼成散会。这样做可以使圣灵附在身体上，以坚定其信仰，振奋人灵。

（3）告解。俗称忏悔礼，即由教徒向神父告明自己对天主所犯的各种罪孽，并表示忏悔，然后就可以重新获得恩宠。神父要替忏悔的教徒保守秘密，并且要指明如何进行补赎才能赦其罪。

（4）婚配。天主教徒结婚的仪式在教堂内由神父主礼。婚配仪式的主要内容有两部分：一是同意礼，由主礼人询问要求婚配的男女双方是否同意结为夫妻，在得到双方肯定的答复后，主礼人诵念规定的祈祷经文，正式宣布“天主所配合的人，不能分开”，并给予双方祝福；二是交换信物礼，新郎、新娘互为对方戴上戒指，并说：“我给你戴这戒指，表示我对你的忠贞与爱情。”

（5）弥撒。由主礼的神父把经过“祝圣”的小面饼和葡萄酒，作为耶稣的肉和血分给教徒。教徒吃了面饼和葡萄酒，就如吸收了耶稣的肉和血，和耶稣融为一体，同得天主恩宠。

此外，天主教还有“讲道”“守斋”“终傅”（教徒临终前仪式）等其他一些主要礼仪。

二、佛教礼仪

佛教为世界三大宗教之一，创立于公元前6世纪，创始人是印度的乔达摩·悉达多，他被尊称为释迦牟尼。佛教的经典为《大藏经》。

公元1世纪两汉交替时，佛教由印度传入我国。传入我国的佛教分北传佛教和南传佛教。北传佛教以大乘佛教为主，传入汉族大部分地区（汉地佛教）以及西藏、内蒙古等地区（喇嘛教）；南传佛教以小乘佛教为主，主要传入云南一带的傣族、布朗族、崩龙族等少数民族地区（上座部佛教）。

出家的佛教徒称为和尚，不出家的佛教徒称为居士。1953年，中国建立了中国佛教协会。中国最早的佛寺为洛阳白马寺。

1. 佛教的主要节日

（1）佛诞节。又称浴佛节，也称灌佛，是佛教的重要节日，用以纪念佛教创始人释迦牟尼的诞辰。我国汉族地区的佛教徒，以农历4月8日为佛诞辰日，佛寺常于这一天举行诵经法会、拜佛祭祖、施舍僧侣等活动。藏族佛教徒以农历4月15日为佛诞节。日本以公历4月8日为佛诞节，又称花节。在这天，佛教徒要以香水灌洗释迦牟尼像，称为浴佛，所以佛诞节又称浴佛节。

（2）成道节。又称道令、佛成道日，是纪念释迦牟尼成佛的节日，成道节为农历12月8日，当日寺院要举行诵经法会，并以米和八种果品煮成米粥供佛，同时供养众僧侣和教徒们，称为“腊八粥”，腊八粥也由此成为受欢迎的食品。

（3）涅槃节。涅槃节是纪念释迦牟尼逝世的佛教节日（佛教称死为涅槃），时间为农历2月15日。这一天，寺院要举行涅槃法会，东南亚一些国家把释迦牟尼诞生、成道、涅槃三个节日并在一起纪念，时间定在公历 4—5 月的月圆日，称为吠舍驱节。1954 年在缅甸仰光召开的世界佛教徒联谊会规定这一天为“世界佛陀日”，成为东南亚佛教国家的全国性的传统节日。

（4）盂兰盆节。又称中元节、鬼节，时间为农历 7 月 15 日。在这一天，佛教寺院要举行诵经法会、水陆道场、放焰口等宗教活动。

除以上四大节日外，我国佛教还有三个纪念观音菩萨的节日：观音诞生（农历 2 月 19 日）、观音出家（农历 6 月 19 日）、观音成道（农历 9 月 19 日）。

2. 佛教的主要礼仪

佛教的主要礼仪有剃度、受戒、传戒、布萨、安居、自恣、合十与顶礼、斋等。

（1）剃度。即出家人剃除须发，表示接受戒系的仪式。

（2）受戒。即佛教徒接受佛教戒律的仪式。

（3）传戒。即寺院召集志愿出家为僧侣的人，传授佛教戒律，使其成为正式僧侣的仪式。

（4）布萨。布萨作为一种佛教仪式，有三层含义：一是指出家僧侣每半月集会一次，专诵戒律，称为“说戒”；二是指在家信徒，在每月的云斋日实行“八戒”（不杀生、不偷盗、不邪淫、不妄语、不饮酒、不装饰、不睡高床、不进午食）；三是指信徒向别人忏悔所犯罪过。

（5）安居。又称“雨安”“夏安居”。佛教禁止僧侣在雨期的三个月（大约 5—8 月）里外出，以免伤害草木小虫，应在寺内坐禅修学，接受供养。我国的安居期为农历 4 月 16 日至 7 月 15 日。

（6）自恣。即佛教徒在每年安居期满之日举行的检举忏悔集会，在集会上，请别人尽情揭发自己的过失，自己进行忏悔。

（7）合十与顶礼。这是佛教的一种很普通的礼节，合十也称合掌，即以两手当胸、十指相合，一般教徒见面时，多以合十为礼以表示敬意。顶礼就是双膝跪下，头顶叩地，两手掌向上翻，然后用头顶尊者之足。

（8）斋。即古人在祭礼或典礼前清心洁身以表示庄重、恭敬的仪式。斋作为佛教仪式有两层含义：一是过中午不食为斋，二是将素食称为斋。

除此之外，佛教还有“参”“拜忏”“追福”“朝暮课诵”“方丈升座”“过堂”“普佛”“布施”“打七”“放生”等一些礼仪。

三、道教礼仪

道教是我国的民族民间宗教，大约创立于东汉顺帝年间（公元126—144年），至今已有1 800多年的历史。道教奉老子为教祖，以《道德经》为主要经典。1957年4月在北京成立了道教协会。

1. 道教的主要节日

道教的内容十分庞杂，但大致上是在三种社会思想的基础上衍化而来的：一为鬼神崇拜；二为方仙信仰；三为黄老学说。

由于道教信奉的神仙众多，因此，道教以神仙之诞辰为节日。每逢神仙诞辰，都要举行隆重的祝圣宗教活动。

（1）老君圣诞。即纪念道教所奉教主老子（尊称太上老君，又称道德天尊）诞生的日子，时间为农历2月15日。

（2）玉皇圣诞。也称天诞，是纪念道教所奉玉皇大帝诞生的日子；时间为农历1月9日。

（3）王母娘娘圣诞。俗称“蟠桃会”，时间为农历 3 月 3 日。

（4）吕祖诞辰。即纪念被道教奉为八仙之一的吕洞宾（吕纯阳）诞生的日子，时间为农历 4 月 14 日。

（5）燕九节。即纪念邱长春真人诞生的日子，时间为农历 1 月 19 日。

此外，道教的节日还有东华帝君圣诞（农历 2 月 6 日）、张天师（张道陵）圣诞（农历 3 月 15 日）、灵宝天尊圣诞（农历夏至日）、关圣帝君圣诞（农历 6 月 24 日）、财神圣诞（农历 9 月 17 日）、元始天尊圣诞（农历冬至日）、三茅真君圣诞（农历 10 月 3 日）等。

2. 道教的主要礼仪

道教礼仪与佛教礼仪一样，比较繁杂，主要有斋法、斋醮、祭炼、炼度、功课等。

（1）斋法。即道教修斋的方法，包括粗食、疏食、节食、服精、服牙、服光、服气、服元气、胎食等。

（2）斋醮。即道教设坛祭祷的一种仪式，俗称“道场”。斋，是指清洁，即在祭祀之前，必须先沐浴；醮是指祈祷。

道教的斋醮，一般分为三种：金录斋，“上消天灾，保镇帝王”；玉录斋，“救度人民，请福谢过”；黄录斋，“下拨地狱，九幽之苦”。各种斋仪的时间长短不一，有一日一夜的，也有三日三夜的，还有七日七夜的，最长的可达 49 天或 60 天。各日都有若干科仪组成，各科仪都有专门的目的和名称，有头有尾，有唱有念，有演有舞。

（3）祭炼。即道教对死者进行“施食”“追荐”或“超度”的一种仪式，道教认为通过祭炼可以使死者生前的罪过得到宽恕，早升“天界”，脱离“鬼道”。

（4）炼度。即为醮忏祈祷超度亡魂的法事，意为祈告真灵，炼化枯骸，超度冤魂，永脱沉沦。

（5）功课。指道士修持每天须行道诵经，一般为早中晚三次，称为“三课”。

四、伊斯兰教礼仪

伊斯兰教是一个传播广泛，具有巨大影响的世界性宗教。伊斯兰教诞生于公元 7 世纪的阿拉伯半岛，已经有1 300多年的历史。全世界有伊斯兰教信徒近 10 亿人，有穆斯林（信仰伊斯兰教的人）的国家约 90 多个，其中，以伊斯兰教为国教或伊斯兰教掌握政权的国家有 40 多个。

伊斯兰教的创建人为穆罕默德。伊斯兰教传入中国已有上千年的历史，我国有回族、维吾尔族、乌孜别克族、哈萨克族、塔吉克族、塔塔尔族、柯尔克孜族、保安族、撒拉族、东乡族 10 个兄弟民族信仰伊斯兰教，现有穆斯林1 700多万人。1953 年 5 月，在北京成立了中国伊斯兰教协会。

《古兰经》是伊斯兰教的经典。“伊斯兰”一词是阿拉伯语的音译，是和平、安宁与顺从的意思，伊斯兰教的名称出自《古兰经》，是世界对这个教的统称。

1. 伊斯兰教的主要节日

伊斯兰教有许多传统节日和纪念日，都具有深厚的历史、民族、宗教和社会根源。伊斯兰教的节日、纪念日按照伊斯兰教历纪念。

（1）开斋节。顾名思义，就是庆祝斋戒期满的日子，时间为伊斯兰教历 10 月 1 日。这一天，男女老少结伴活动，青年们汇集在一起，唱歌跳舞。哈萨克族、柯尔别孜族、塔吉克族穆斯林还在节日里举行叼羊、赛马、套马和摔跤等活动。

(2) 宰牲节。又称古尔邦节，即宰牲献主的节日，时间为伊斯兰教历 12 月 10 日。相传古代先知易卜拉欣梦见真主安拉命令他亲自杀死自己 13 岁爱子易司玛仪献祭，以试其对安拉的忠诚。第二天早晨，当其子遵命俯首，易卜拉欣举刀欲杀时，安拉派天使送去一只羊代替易司玛仪作祭献品。这就是“宰牲节”的来历。每逢这一日，全体穆斯林沐浴，穿着盛装，举行会礼，互相拜会。一般家庭都要宰一只羊，有的还宰牛、宰驼。屠宰的牲畜肉不能出售，除将部分送给清真寺外，剩余的自用、招待客人或赠送亲友。节日里，还举行歌舞、叼羊、赛马、摔跤等活动，其热闹的气氛超过开斋节。

(3) 圣纪节。也称圣忌节，是纪念穆罕默德诞生和逝世的节日，时间为伊斯兰教历 3 月 12 日。这一天，穆斯林要穿戴整齐，到清真寺沐浴、更衣、礼拜，听阿訇念经，讲述穆罕默德的历史和创建伊斯兰教的功绩。

除了以上三大节日以外，伊斯兰教还有“登霄节”（教历 7 月 27 日）、“拜拉台夜”（教历 8 月 15 日晚）、“法蒂马节”（又称姑太节，教历 6 月 15 日）等节日和纪念日。

2. 伊斯兰教的主要礼仪

(1) 伊斯兰教的教义。伊斯兰教规定，每个穆斯林在思想意识方面必须保持六大信仰：信仰真主安拉；信仰天使吉卜利勒；信仰经典《古兰经》；信仰使者穆罕默德；信复生（整个宇宙及一切生命终将有一天全部毁灭，然后真主安拉使一切生命复活）；信前定（人的生、死、祸、福、善、恶、丑、美等都是真主事先决定好的，但可由每个人后天自由选定）。

（2）伊斯兰教的五功

1）念功。庄重而严肃地用阿拉伯语念“作证词”（指教徒念诵伊斯兰教的基本信条），口中诵读，还要心中诚信。念功是伊斯兰教最基本的、首要的礼仪。

2）拜功（礼拜）。穆斯林做祈祷的一种宗教仪式。每天5次礼拜，在早晨、中午、下午、傍晚、夜间进行。每周五午后在清真寺举行集体礼拜（主麻聚礼）。

3）斋功。穆斯林坚持斋戒，在伊斯兰教历9月里封斋一个月，即从日出至日落之间不吃不饮，克制性欲。

4）深功。伊斯兰教法规定，穆斯林每年对自己的资财做一次清算，除去正常开支的需要，其他盈余的资财都要按不同的课率纳税，用于宗教活动和救济事业。

5）朝功。指穆斯林定期到伊斯兰教“圣地”麦加的克尔白寺庙去朝拜。

（3）伊斯兰教的婚配。伊斯兰教的穆斯林男女双方结婚必须具备求婚、允婚、证婚三个条件。接亲和送亲时不喜欢吹拉打唱、燃放鞭炮等。

（4）伊斯兰教的丧葬。穆斯林的葬礼简单朴素，丧葬仪式归纳起来有三个特点：一是土葬，尸体直接入土，不用棺椁，既经济又卫生，如果死在船上，无法土葬，也可以水葬；二是速葬，停尸不得超过三天，“亡人入土为安”，死在什么地方就葬在什么地方，不必远道运回家乡；三是薄葬，伊斯兰教的葬礼最节约、最平等，不允许用任何贵重物品“陪葬”，也不需要花钱雇人来抬人或埋人。

第三节 同宗教界人士交往的礼仪

一、同基督教（天主教）界人士交往须注意的礼俗

第一，对所有基督徒，都可以用同志、先生、小姐等一般的称呼。对有圣职者，可以称某主教、某牧师（神父、神甫）等。

第二，基督教认为血代表上帝的生命，因此，基督徒不吃一切动物的血，但对动物的肉没有统一的禁忌。

第三，基督徒可以适度饮酒，但禁止酗酒。

第四，进入教堂时，应衣着整洁，不戴鸭舌帽。在教堂内不得嬉笑喧哗，不得吸烟，不能随便挪动和抚摸教堂中的物品。在祷告时，不能使用闪光灯进行摄影。

第五，基督徒视“13”为不祥的数字，逢13、星期五不举行宴请活动。

二、同佛教界人士交往须注意的礼俗

第一，称呼出家僧尼，如果他们有各自的职称，就在其职称后加一个“师”，如“法师”“禅师”“大师”等。如果不知道其职称，也可通称“师父”“师太”。

第二，佛教的戒律甚多，最基本的有五戒（即戒杀、戒盗、戒欺、戒淫、戒酒），此外，还有八戒、十戒等。

第三，佛教禁止吃荤食，荤食指大蒜和葱等气味浓烈、刺激性强的食品，同时禁食鱼肉类食品。荤腥食品及其制品严禁带入寺院。

第四，进入佛寺山门，不能着背心、穿拖鞋和打赤膊。进入大殿时，应先跨左脚越过门槛。参观时应先向左行。

第五，佛教中无握手之礼，因而不能主动与僧人握手，特别是不能伸手与出家的尼众握手。最合适的是行合十礼，也叫合掌。

三、同道教界人士交往须注意的礼俗

第一，对道士，一般尊称“道长”或“仙客”。女道士称“女冠”或“道姑”“仙姑”。对道士中学识、修养高的可尊称“先生”“法师”“真人”或“高功”。对未成年的徒弟称“道童”或“仙童”。

第二，道教的清规戒律、禁忌条文较多，律条有简有繁，有松有紧，少者五戒，繁者1 200戒，普通的约有 300 条左右。道教的很多戒条与佛教相同。

第三，进入庙观，行须缓步，语要低声，不能破坏宗教场所庄严、肃穆的气氛，不能随便询问道士的年龄、身世和家庭情况。

第四，道家禁荤。

四、同伊斯兰教界人士交往须注意的礼俗

第一，伊斯兰教宗教职业者和具有伊斯兰教专业学识的人通称为“阿訇”。主持清真寺教务的阿訇，称为“教长”。对德高望重、有学问、有身份的穆斯林长老，可尊称为“真人”。

第二，伊斯兰教规禁止饮酒。在与穆斯林交往时，不能以酒相待，不能摆上含酒精的饮料，而且也要避免在他们面前饮酒。

第三，穆斯林禁止食用自死之物、猪肉和动物血。未诵安拉之名而宰杀的牛、羊、驼、鸡、鸭、飞禽，以及勒死、捶死、跌死、角抵死和野兽吃过剩下的动物，也在禁食之内。此外，伊斯兰教规还禁止食用驴、骡、马、狗和虎、狼、豹、鹰、蛇等凶猛野兽以及其他禽兽之类的肉品。

第四，伊斯兰教视左手不干净。切忌用左手给他们拿吃的东西或食具，也不能用左手与之握手。

第五，清真寺是穆斯林举行宗教仪式、传授宗教知识的圣洁之地。进入清真寺，要注意衣着整洁，不能袒胸露背，不能着短裤、短裙，不能抽烟、喧哗、歌舞，更不能讲污言秽语，非穆斯林不能随便进入清真寺，更不能进入礼拜大殿。

第六，到穆斯林家做客，不能把穆斯林禁食的东西作为礼品赠送。不要向穆斯林家借用餐具或茶具。在穆斯林家里，不可主动与妇女或其女儿等握手，也不可注目这些人。

第七，接待穆斯林时，尽量不留穆斯林在家里吃饭。上茶前，应先征求意见，因讲究的人一般不用非清真茶具，而且，非穆斯林使用过的炊具、碗筷、器皿等，穆斯林也都不用、不接触。接待时，要把穆斯林禁食的物品放置在其看不见的地方。

第四节　我国民俗礼仪简介

文明古老的中华民族，幅员辽阔、历史悠久，民族众多，有灿烂光辉的文化传统，有一整套独具特色的礼节、仪式、风尚、习俗、规章、典制等。这些礼仪习俗反映了我们民族的传统美德与优良品质，展现出我们民族的物质文明和精神文明的特殊风貌。

一、传统节日民俗

我国是世界上民间传统节日最多的国家，据不完全统计，全国56个民族每年过节约500个左右，其中较有影响的节日就有

378个，内有盛大节日112个。

我国节日可分为单一性质的节日和综合性质的节日两大类。单一性质的节日，有的是以农事活动为目的形成的农事节日，如流行全国的“二十四节气”；有的是宗教节日。综合性质的节日是由节日活动的多种目的决定的，它们既有农事活动，也有祭祀活动，更有游乐活动以及重要的纪念和庆祝活动。

1. 春节和年节

春节是我国汉族和许多少数民族共同欢度的最大节日。按照民间传统，这个节日俗称“过年”。新中国成立后，采用了公历，把1月1日定为元旦、新年，把农历正月初一的“过年”改为春节。

传统的春节风俗习惯活动有扫尘、贴春联、挂年画、供神、祭祖、守岁、接神、赠压岁钱、吃年夜饭、放鞭炮、拜年、耍龙灯、舞狮子、扭秧歌、踩高跷等。

赫哲年是我国东北黑龙江、乌苏里江、松花江三江汇合处人口最少的民族赫哲族人民的传统节日。节期与春节相同。

诺劳孜节是柯尔克孜族人民的新年。节期在公历3月22日。

藏历年是藏族人民的春节，藏历年的时间为藏历正月初一，与汉族春节时间相差只一两天。

苗年亦称客家年，是苗族人民最隆重的传统节日，节期通常在农历9，10，11月的卯（兔）日或丑（牛）日，节日少则3天，多则15天。

泼水节是傣族的年节，按傣历计算，以6月为岁首，相当于农历4月20日或21日。

其他年节还有，云南省彝族过年在农历二月初八；四川凉山彝族的年节在农历十月上旬；四川羌族过年在农历十月初一；傈僳族的年节在农历正月初一至十五间；土家族的年节为农历12月29日（小月为28日）；畲族、布依族的节期与汉族春节相同。

2. 歌节和会节

花儿会是宁夏、甘肃、青海的汉、回、土家、东乡、保安、撒拉、裕固各族共同的传统赛歌会节日。会期的活动多与各地朝山、庙会活动同时进行，也同时与各地的物质交流活动联系在一起进行。

歌墟是广西壮族人民的传统歌节，相传是为纪念歌仙刘三姐，把刘三姐去世的日子三月三定为节日，用歌唱怀念她。

那达慕大会是内蒙古、甘肃、青海、新疆、辽宁、吉林、黑龙江各地蒙古族人民一年一度的传统节日，节期在7—8月畜肥草壮的夏秋季。“那达慕”的内容包括传统的射箭、赛马和摔跤比赛等。

会街为云南阿昌族传统的“赶街子”的会节，从农历九月初十开始，节期超过5天。会街原来是阿昌族信奉小乘佛教迎接菩萨的宗教节日，现在演变成游乐节日。

三月街是云南大理白族人民的传统节日，每年农历3月15—20日在苍山主峰脚下举行。

赶歌节是湘西、贵州部分苗族人民传统的歌节，节期在农历六月初六。

其他歌节、会节还有，四川康定藏族农历四月初八举行的转山会；贵州雷山苗族农历三月下旬的爬山节；湖南通道侗族人民的歌节大雾梁歌会，在农历立夏前18天举行，会期约3天；云南金平的瑶、苗、哈尼、彝等少数民族在每年春节后第一个街期举行的姑娘街；广东海南黎族的三月三传统歌舞会等。

3. 重大岁时佳节

元宵节是农历正月十五，俗称灯节，古称上元节。元宵节吃元宵（汤圆），象征团圆。元宵节以放灯、灯会观灯为主要内容。

清明节是从传统二十四节气中的清明发展而成的，通常以游春、踏青、扫墓为主要内容。时间为公历 4 月 5 日或其前后一两日。

端午节，又称端五、端阳、重五、天中、天长等节。端为初，初五就是端五。农历五月初五即为端午节。一说端五节是纪念爱国诗人屈原的节日；二说端午节是祭龙的节日，所以把米粽、雄黄酒投撒江中。还有的说端午节是禳解毒气，避祛疫病的驱五毒节日，所以门上插菖蒲，挂艾叶，饮雄黄药酒。端午节还有用五彩线圈拴小孩颈、腕、脚脖的习俗，祝孩子健康、长命。端午节也是我国传统防病除疫讲卫生的节日。

中秋节，也叫团圆节，是祭月、赏月、庆团圆的节日。节期为农历 8 月 15 日。吃月饼是中秋节的饮食习俗。

重九节，又称重阳节，节期为农历九月初九，重九节的主要内容是登高野游和赏菊。

此外，还有火把节、开斋节、古尔邦节、花炮节等节日。

二、诞辰与寿辰习俗

我国民族对诞辰与寿辰的纪念活动比较重视，尤为重视婴儿与老年这两种人的诞辰与寿辰。

庆祝诞辰，一般在 60 岁以前都叫“过生日”，60 岁以后称“做寿”。逢十则做大寿（如 60 岁、70 岁）。民间有“十全为满、满则招损”的说法，因而通常做“九”不做“十”（即做“虚”

不做“实”)，如在59岁时做60大寿，69岁时做70大寿。

有关诞辰的庆祝活动，如非大寿，民间一般不邀请亲友参加，只是家人团聚庆祝。但对婴儿的满月、周岁，则一般都进行比较隆重的庆祝活动。

1. 小儿生日礼俗

婴儿的诞生庆祝一般选在“满月”进行。有的地方选在两个月，称“双满月”，还有的选在“百日”。婴儿诞生，主人要给亲友送红蛋报喜；“满月”和“百日”一般以“下面条”招待亲戚邻里。婴儿满月这天要理发，把胎发、眉毛剃净，这样可以使再生的头发、眉毛浓密，而且要给理发师送红包。小孩满周岁时，家里人除了吃面条、蛋糕外，还要在孩子面前摆上许多玩具和笔墨纸砚等物，看他先取何物，俗称“抓周”。

2. 成人生日礼俗

民间对成人生日的庆祝一般比较简朴，只是家人在一起团聚，准备一些较丰盛的酒菜，全家人一起聚餐，吃寿面，取其“长寿”之意，吃生日蛋糕，意为祝愿“寿高”。祝寿礼庆祝寿辰，一般不能自己给自己庆祝，而应由子女或亲戚朋友出面举行。

庆祝寿辰时，主人家里一般要办寿筵宴请亲友。有条件的，寿筵后还可以安排娱乐节目助兴。宾客散席后，主人还要回赠些纪念物品。参加寿辰庆祝活动的亲友一般都应准备一些寿礼，或敬奉寿联、寿幛等。

三、婚丧习俗

中国汉族传统习惯，结婚时要贴红对联，戴红花，新郎、新娘要披红挂彩，故称为“红事”。人死后，其子孙要披麻戴孝，一律用白布，故称为“白事”。红白喜事的操办由于民族风俗的不同而异。随着人们文化水平的提高和移风易俗，红白喜事的操办也已大大从简。

1. 婚姻习俗

我国婚姻习俗有几千年悠久历史，特别是经过封建时代的演变与丰富，形成了一整套婚俗规范。婚姻习俗直接受婚姻制度的影响，我国由于多民族及其社会发展的不平衡，在婚姻的发展过程中形成了众多的婚俗形式，有些婚俗至今还存在一定的影响。就我国各民族的婚姻现状来看，我国婚姻目前至少有以下几种仪礼，即求婚、合婚、相亲、订婚（过小礼）、完聘（过大礼）、定婚期、迎娶、拜堂、婚宴、合卺、闹房、归宁。这些程序联系起来构成了完整的婚礼。

2. 丧葬习俗

人死为丧，为死者举行一定的安葬仪式称为葬，不讲礼仪的葬叫做埋。丧葬礼简称丧礼、葬礼。丧礼的程序一般有停尸、奔丧、挂孝、坐夜（守夜）、入殓、吊丧、出殡。葬礼有集体葬、合葬、迁葬、蒿葬、水葬、风葬、悬棺葬、洞穴葬、火葬、土葬、天葬等。现代丧葬礼仪有下面一些具体礼节：成立治丧组织、发讣告、赠挽联、唱挽歌、献花圈、戴黑纱白花、守灵、向遗体告别、开追悼会、致悼词等。

第五节　同外宾、港澳台人士交往的礼仪

在与外宾、港澳台人士交往中，除应发扬我们民族礼仪之邦的优良传统，注意礼貌、礼节外，还应尊重他们的风俗习惯。

一、同外宾交往须注意的礼俗

1. 与外宾交往须注意的共同礼俗

(1) 信守时间。在外事活动中，要有极强的时间观念。事先约定的时间，一定不能失约，更不能毁约。若确实不能赴约，应有礼貌地尽早通知对方，并以适当方式表示歉意。

(2) 注意仪态。坐，不跷腿摇膝；站，身子不歪靠；走路不能搭肩膀；交谈时手势不要过多；不能当着他人的面挖耳、抠鼻、擤鼻涕、抓头、搔痒、打哈欠、伸懒腰、剔牙齿等，不要随地吐痰。

(3) 讲文明礼貌。初次见面时，问候一声“您好”“见到您真高兴”“久仰”等，一般称呼对方“先生”“太太”“小姐”；见面或离别时相互握手，握手时，男方要脱掉手套。而且，握手时要面对对方，切忌一脚在门内、一脚在门外，也忌四个人交叉握手。

(4) 尊重妇女。西方国家的行为举止处处都是“女士第一”，男士要处处照顾、帮助妇女，妇女入室，男士要先开门，让妇女先行。妇女进屋或离开时，男士要照料妇女脱大衣、穿大衣。上下楼梯、车辆，进入电梯，也要让妇女先行。

(5) 入室叩门。到对方办公室，入室前要轻声叩门，得到允许后才能进入。步子要轻，说话声音宜低。

(6) 进屋脱帽。无论是公事拜访，还是私人拜访，或出席各种社交活动，男人进屋都要脱帽、解围巾，放入衣帽间或挂在墙上的衣帽钩上。

2. 同西方人交往须注意的礼俗

(1) 给西方人打电话，如无急事，不要冒昧地往对方家里打，更不能在用餐时间打。业务上的电话，如需较长时间，最好预约。

(2) 同西方人一起用餐，尽量不使餐具碰撞出声，不能吸烟。西方人没有劝酒、灌酒的习惯，喝酒不可过量。

(3) 如果受到对方邀请吃饭，不要急忙送礼还情。如果作为东道主邀请对方进餐馆，应在告别后再付账。

(4) 同西方人闲谈，最好找共同感兴趣的话题，不要自顾自夸夸其谈，如德国人喜欢谈体育和个人业余爱好，英国人喜欢谈天气等。

(5) 给西方人送礼，不是越贵重越好，也不可送太廉价的，应先了解对方有什么避忌。如拉美人忌黑色、紫色的东西，而且也不能送刀子、手绢，刀子象征一刀两断，手绢则象征眼泪。法国、比利时、卢森堡等国家忌菊花；英国忌百合花，他们认为那是代表死丧的。红玫瑰也不能随意送人，因为那是爱情的象征。

(6) 一般国家，点头表示肯定，摇头表示否定，而在保加利亚、阿尔巴尼亚和希腊，则恰恰相反。

(7) 美国人往往不拘小节，比较随便，但也有一些避忌。他们忌别人打听隐私。对于妇女，切勿打听她们的年龄、婚姻状况。不要与美国的同性携手而行，也不能与他们成双起舞，因为这涉嫌同性恋。他们忌在人前脱鞋、拉袜、系鞋带。

(8) 美国人中有许多是犹太裔，他们的饮食习惯跟一般美国人不同。他们只吃反刍的、分蹄的动物，如牛、羊等，但对于骆驼、兔子、猪等分蹄动物以及禽类、爬行类、甲壳类动物和无鳞无鳍的鱼类，全都禁食。此外，一切动物的血和筋，也一概不吃。

3. 同俄罗斯人交往须注意的礼俗

（1）见面时要相互问好。熟人相遇如果不问好即表示友谊已不存在。男子遇见相识的妇女应主动问好；妇女未伸出手时不能主动去握手；青年人向年长者问好时必须从座位上站起，而且不要先伸出手去握。

（2）客人光临时，女主人应一一进行介绍，顺序是先介绍女性和年长者，然后再介绍其他人。男宾被介绍给女宾时应起立致意。客人必须征得女主人同意后才能抽烟。客人须等女主人邀请后才能入席。

（3）上茶时应从左边上，不用的餐具应从右边收走。给宾客斟酒时不要移动酒杯，但倒啤酒和香槟酒时可将杯子托起。

（4）俄罗斯民族的送礼方式和内容有很多讲究，如送礼必须及时，否则就会认为送礼的人对自己无礼。他们忌讳别人送钱，认为送钱是一种施舍，是对自己的侮辱。到朋友家做客时带一束鲜花送给女主人，会使主人非常高兴，但花枝一定是单数。送给男子的花必须是高茎、颜色鲜丽的大花。

（5）俄罗斯人认为，红色是美丽和吉祥的象征，黑色是肃穆和不祥的象征。与西方人一样，他们也忌讳“13”这个数字，而数字“7”却意味幸福和成功。

4. 同日本人交往须注意的礼俗

（1）初次见面，要脱帽鞠躬，互赠名片。

（2）日本人很注意礼貌用语，他们崇尚讲话低声细语，看不起大声喧哗、吵吵闹闹的人。

（3）到日本人家做客，不要马上进屋，应先站在门口相互问候致意，然后脱鞋进屋。没有主人示意，客人不能宽衣。

（4）日本人一般不在家中招待客人。同日本人一起吃饭，不能使餐具碰擦出声。吃东西时，不要举箸不定，拨掏食物，更不能吮舔筷子或用筷子剔牙。不能把筷子跨置在饭碗之上。请日本人吃饭时，不能让客人自己斟酒。在与日本人的交往中，应注意日本人的忌食，他们通常不吃肥肉、猪内脏和羊肉。

（5）给日本人送礼，要用浅色彩纸包好，物件要成双数，但结婚礼品则应避免双数。给日本人送礼和接日本人的礼物时，都不能当着对方的面打开礼物。

（6）日本人有一些忌讳，如忌“4”“6”“9”这几个数字，因为这几个数字在日文中的发音分别接近于“死”“无赖”和“劳苦”。参加婚礼时不能讲“破”“坏”等字，参加丧礼时不能讲“再”“又”等字。

5. 同印度人交往须注意的礼俗

（1）与印度人相见，应双手合十，口中问好并祝福。男人相见或分别时可以握手，也可相互拥抱。男人不能触碰妇女，不能与印度妇女握手，而应双手合十，微微鞠躬，不能和印度妇女单独说话。

（2）印度人认为左手是污秽的，不能用左手接受礼物、递送礼物和触碰食品。

（3）印度人忌食牛肉。很多印度人都吃素，甚至有的连蘑菇、葱、蒜也不吃。他们没有喝开水的习惯，常饮生水、冷水。他们喜欢喝红茶，但要加糖和牛奶。

（4）印度是一个宗教气氛浓重的国家，寺庙很多，进入寺庙的大殿要脱鞋，但是可以穿袜子。

6. 同泰国人交往须注意的礼俗

（1）泰国人见面时不握手，而是双手合十放在胸前，稍稍低头，互相问候“您好”。合十时，小辈见长辈双方举得较高，一般到前额；平辈相见举到鼻子高度；长辈对小辈还礼到胸前即可。

（2）泰国人认为头是灵魂所在，别人是不能碰的，即使是摸小孩的头也不行。

（3）泰国人递物一般用右手，在比较正式的场合则须双手奉上。用左手递物被认为是鄙视对方。

（4）同泰国人交谈时，忌戴墨镜，更不能用手指指着对方讲话。在客人面前不能跷二郎腿，不能把脚底朝着别人。

（5）到泰国人家走访，所送的礼品应事先包装好。进门时不能踩踏门坎儿，进屋前要脱鞋。

7. 同东南亚国家人士交往须注意的礼俗

东南亚除了泰国外，还有许多国家，他们的历史、文化背景不尽相同，礼俗也各有特点。

（1）印度尼西亚和马来西亚都是以马来人为主体的国家，盛行伊斯兰教，礼俗有相似的地方，如禁食猪肉，以左手为秽，进屋脱鞋等。由于两国政治、社会情况不同，礼俗也有相异之处，如与印度尼西亚人交往，谈话应避免议论该国的政治、国外对他们的援助以及社会主义之类的问题，而马来西亚人则喜欢谈论政治、家庭、体育及饮食之类的话题。

（2）菲律宾受西方文化影响较深，信仰天主教，喜欢模仿美国人的生活方式。他们见面时无论男女都握手，男人之间有时还拍拍肩膀。他们喜欢别人谈论他们的家庭，但要避免议论该国的政治、社会、宗教等敏感的问题。

(3) 新加坡是一个以华人为主体的国家，但不能因此将他们等同于华侨，否则会引起他们的不快。与新加坡人交谈，应避免议论该国的政治、宗教等问题，他们感兴趣的是经济成就。新加坡非常注重清洁，惩治不讲卫生的法律极严，所以，在那里要严格讲究卫生，否则会受到重罚。

(4) 斯里兰卡受英国文化影响较深，至今还保留有很多英国的习惯，如中上阶层的人见面时文质彬彬，握手问候。但是，他们也保持着自己的传统礼俗，一般人见面或告别时都是双手合十致意。斯里兰卡是佛教国家，以佛教为国教，虽不杀生，但不忌荤，只是不吃鸡蛋。

8. 同阿拉伯人交往须注意的礼俗

绝大多数阿拉伯人信奉伊斯兰教，他们的礼俗往往与教规联系在一起。

(1) 在阿拉伯人家里做客，向主人问其妻子的情况是不礼貌的，尤其不能问女主人的身体状况。在地中海沿岸的一些国家，连孩子的情况也不能问，他们认为这样会给孩子带来灾难。

(2) 伊斯兰教历 9 月是阿拉伯人的斋月。在这个月，穆斯林白天禁食，午后不办公。阿拉伯人不用公历，而用伊斯兰教历。

(3) 在阿拉伯国家不可穿短裤、没有袖子的衬衫、领口开得很低的衣服和膝盖以上的短裙，在游泳池绝对不允许穿三点式的泳衣。

(4) 第一次和阿拉伯人见面时不要送礼，以免有行贿之嫌。不能给阿拉伯人的妻子送礼，但给阿拉伯人的孩子送礼却会受到特别欢迎。

（5）在阿拉伯地区，男人之间手拉手走路，是一种无声的友好和尊重的表示。

（6）沙特阿拉伯人很大方，与他们接触时不要总盯着他们的手表、衬衫链扣或其他东西，否则，他们会当场摘下赠送，如果拒绝的话，就会得罪他们。

（7）在巴林、科威特等海湾国家的阿拉伯人家里做客前，最好是少吃一顿饭，因为主人特别热情，频频劝吃，不能拒绝。在饭桌上吃得多，才能表示喜欢主人的饭菜。

9. 同黑人朋友交往时须注意的礼俗

（1）黑人朋友见面时，面对受尊敬的人，他们习惯用左手握住自己的右手腕，然后用右手与对方握手。

（2）非洲人用右手拿入口的东西，左手拿脏东西，用左手递东西带有侮辱人的性质。接送东西时要用双手。

（3）黑人忌讳提及他们的肤色，交往时不能使用带有“黑奴”含义的称呼。

二、外国重要忌讳简介

1. 数字的忌讳

（1）对“4”的忌讳。由于“4”与中国的“死”发音相近，所以，在东方的一些国家，很多人把“4”视为预兆厄运的数字。

（2）对“13”的忌讳。一些西方人忌讳“13”这个数字。耶稣基督与12门徒共进晚餐，坐第13位的人就是出卖他的犹大。而且，夏娃与亚当偷吃禁果之日就是13号星期五。

（3）对“星期五”的忌讳。夏娃偷吃禁果时逢星期五，耶稣被钉在十字架上的时间也是星期五。

2. 男女的忌讳

（1）美国人忌讳谈论女人的年龄。

（2）法国男人向女人赠送香水就有过分亲热和“不轨企图”之嫌。

（3）阿拉伯人忌讳谈其妻子和女儿的事。

（4）在泰国，男女授受不亲，即使在公共场合跳舞，男女身体也不可接触。

3. 花木的忌讳

（1）根花忌。探视病人时，日本人忌以根花（包括盆花）为礼。

（2）山茶花忌。日本人在探望病人时，忌用山茶花、仙客来、淡黄花及白花。

（3）白百合花忌。在欧洲，除生日与命名日之外，一般忌用白色鲜花。英国人忌送百合花。

（4）香花忌。一些欧洲国家，在探望病人时，往往忌用香气浓烈或具有特殊象征意义的鲜花。送给中年人，忌用小花；送给午轻人，忌用大花。

（5）菊花忌。欧洲的许多国家，忌以菊花为礼，认为菊花是墓地之花。日本人忌用菊花作室内装饰。拉丁美洲视菊花为“妖花”。

（6）双花忌。波兰与罗马尼亚人以花为礼时，所用花束必须是单数，即使是一枝也可，他们忌讳双数，但罗马尼亚人的生日除外。

（7）郁金香忌。德国人往往忌以郁金香为馈赠品，他们认为郁金香是无情之花。

（8）黄花忌。法国人忌送黄花，英国人忌送黄玫瑰。

（9）紫花忌。巴西人忌以紫色的花为礼，他们以紫花为葬花之礼。

4. 生活忌

（1）日本人忌用绿色作装饰色。

（2）印尼、中爪哇人忌晚间出门吹口哨。

（3）不丹人忌留山羊胡子。

（4）印度人忌将小孩放在浴盆里洗澡。

（5）沙特人忌下象棋，忌客人随意进入主人房间，妇女忌在公开场合抛头露面。

（6）中东地区忌用左手给人递物。

（7）伊拉克人、比利时人忌使用蓝色和穿着蓝色服装。

（8）土耳其人忌用花哨颜色装饰房间和用绿色三角作标志。

（9）捷克人忌用红色三角作标志。

（10）英国人忌用橄榄绿作装饰，忌用人像作商品装潢，忌在公共场合提“厕所”。

（11）意大利人忌以手帕和菊花图案之物为礼品。

三、同港澳台人士交往须注意的礼俗

1. 交往中的差异

与港澳台同胞交往，从民族的角度来说，本无特殊的礼俗，由于他们生活在与我们不同的社会环境里，尤其是台胞，海峡两岸隔绝了数十年，彼此在某些方面自然产生了若干差异，我们应对这种差异时要有正确的认识，有思想上的准备，这样在与他们的交往中才能够适应，从而减少别扭和误会。

（1）文字。内地早已推行简体字，而港澳台仍然沿用繁体字。

(2）语言。台胞大都说普通话，而世居港澳的人士往往只能讲粤语。此外，语言中的词语也存在一些问题，很多词语在海峡两岸的讲法不同，如人民—民众、接班人—传人、普通话—国语、京剧—国剧等。至于政治术语，差异就更大了，如“检讨”一词，在内地含有认错的意思，属贬义，而在台湾则含有回顾所作所为的意思，属中性。

(3）香港同胞的用语中外来语较多，如称公共汽车为“巴士”，称出租汽车为“的士”等，对外国人名、地名的译法，有许多也与我们不同。

2. 台湾民间送礼禁忌

(1）禁用手巾赠人。按台湾民俗，丧事办完，送手巾给吊丧者留念，意为让吊丧者与死者断绝来往。台湾有“送巾断根”或“送巾离根”的俗语，因此，非丧事不宜赠手巾。

(2）禁用扇子赠人。扇子用于夏季扇凉，一到深秋，再无利用的价值，可以抛弃。台湾有俗语“送扇，无相见”，因此，扇了不可当礼物赠人。

(3）禁用雨伞赠人。台湾话中的“伞”与“散”同音，以伞送人，易引起误解。

(4）禁用刀剪赠人。刀剪是伤人的利器，含有“一刀两断”之意。以刀剪赠人，会使获赠者觉得被有威胁之感。

(5）禁用粽子赠人。居丧之家习惯既不蒸甜果（糖年糕），也不包粽子，如果赠粽子给别人，会被误解为你把对方当作丧家，所以十分忌讳。

(6）禁用甜果赠人。民间逢年过节，常以甜果为祭祖拜神之物，若以甜果赠人，会使对方有不祥之感。

习　题

1. 试述宗教礼仪在交际礼仪中的地位和作用。

2. 试列出我国主要宗教的名称。

3. 基督教与天主教有哪些相同、相异之处？礼仪上有哪些相同、相异之处？

4. 圣诞节是一个什么节日？有哪些庆祝形式？

5. 天主教的主要节日有什么特点？

6. 你熟知哪些佛教人物？

7. 你见过哪些道教仪式？

8. 佛教和道教的礼仪有哪些相同之处？

9. 我国电影、电视中哪些片子表现了宗教人物？他们是谁？

10. 伊斯兰教的主要禁忌是什么？

11. 试述我国主要宗教的创始人及各教派的经典。

12. 与宗教界人士交往应注意的主要问题是什么？

13. 与外宾交往应注意哪些共同的礼俗？

14. 春节举办的规模最大的庆祝活动是什么？

15. 我国现代有哪些重要节日？

16. 你熟悉的少数民族有哪些歌会、年节，是通过什么途径熟悉的？

17. 我国为什么不实行土葬而提倡火葬？

18. 怎样理解“中国是礼仪之邦”？

第十章 礼仪实习

礼仪实习在公关交际礼仪学习过程中占有重要地位，是学生在教师或师傅的具体指导下进行的交际礼仪实际操作训练，以便将公关交际礼仪知识转化为熟练开展公关交际活动的技能技巧，使学生成为切实知礼而且擅长施礼的公关交际人才。

第一节 礼仪实习的重要意义

礼仪实习是公关交际礼仪教学的重要组成部分，师生都应高度重视，将其纳入教学计划，在一定场合里严格地进行实习操作训练，使礼仪知识具体化、操作化，认真克服理论脱离实际的倾向。

礼仪实习是使学生获得礼仪交际能力的必要途径，同车、钳、焊、电、化等生产实习一样，礼仪实习也是一种专业技术实践活动。为了获得良好的生产技能，必须进行生产实习，否则，培养学生“以礼相交，以礼处事”的礼仪交际能力就是一句空话，日后就很难顺利地进行公关交际活动。

礼仪实习是提高学生综合素质的重要保证，一个公关交际人员在思想、道德、能力、体力等方面都必须具备相应的角色素质。其实，礼仪实习过程也是学生角色素质的养成过程。通过切实有效的礼仪操作训练，能够培养学生严谨、踏实、吃苦、应变的工作作风和社交能力。从这方面来讲，礼仪实习就是进行职业道德教育的最佳时机，是全面提高学生素质的重要保证。

礼仪实习是学生对已有礼仪知识的具体运用，一个学生礼仪知识的丰歉实虚可以从礼仪实习训练这个实践环节中明显地反映出来，能够促使学生在礼仪知识上进行自我补救，以适应实习操作的需要，真正把知礼和施礼高度结合起来，运用礼仪知识指导礼仪行为。

综上所述，我们已经知道礼仪实习不是可有可无的事情，它在公关交际培训中具有重要的意义和作用。因此，我们要把礼仪实习当作教学的一项重要内容。学生要自觉参与，接受训练，严格要求自己，同教师或师傅密切配合，通过反复的规范化的实习操作训练，提高自身的礼仪交际能力。

第二节　礼仪实习的原则和方法

一、礼仪实习的原则

1. 规范性原则

礼仪有一套约定俗成的规范，在一定范畴内形成应用礼仪系统，便于交际和施礼。因此，在礼仪实习中必须注意礼仪的规范性、系统性，严格按照不同礼仪的特有内容确定实习课题，指导学生反复进行训练。其一般程序为：先国内后国外；先集团后个人；先共用后专用；先普通后宗教。由此构成先后相依、彼此贯通的实习单元结构，使学生在系统而规范的礼仪实习训练中熟悉和掌握常用礼仪的操作要领和技巧。

2. 实用性原则

礼仪实习要以实用为方向，实习为了实用，这是我们指导学生进行礼仪实习的出发点。在确定课题单元和进行程序时，就要把中外常用礼仪礼节，如迎送宾客、餐厅客房服务、导游解说、庆典主持、公务洽谈、现场采访、礼仪演讲等列为重要项目。针对公关交际需要，有目的地进行实习操作。不适合国情和现实要求的那些繁文缛节不必列入实习计划，学生只作一般了解即可。由于受各地文化背景、经济形势、交际对象、风俗习惯诸因素的影响，我们在确定实习课题时要做最佳选择，把实用的广泛性和实用的独特性高度结合起来，充分发挥礼仪在公关交际活动中的桥梁作用和纽带作用。

3. 大众性原则

礼仪是为大众服务的，在礼仪实习中突出礼仪的大众性就是尊重大多数公民的道德标准和他们可以接受的礼仪。礼仪是精神文明的一部分，尊重外国的礼俗，不是照搬，尊重我们自己的礼俗，不是照传，而是以大众认可为准则，既要承认礼仪的传统性，又要保证礼仪的时代性。教学生如何作揖磕头、做礼拜、练90°大鞠躬礼总不合时宜。在深化改革、扩大开放的历史条件下，对外往来越来越多，礼仪的适用范围也越来越广，因此，在指导学生进行礼仪实习时，更要挑选实用价值大、大众认可的礼仪礼节作为重点训练项目，淘汰那些愚昧、庸俗、繁琐的内容，使学生熟悉和掌握的礼仪既有一定规范，又有实用价值，而且为社会大众所共认。

4. 机变性原则

在礼仪实习期间，要注意培养和提高学生随机应变、应付各种复杂场面、处理各种人际关系的意识和能力。礼仪虽有一定的规范，但用于交际的具体场景和对象时，就不会是一成不变的。在交际对象为混合体时，他们会有各自不同的礼仪需求，我们在欢迎、安排住宿就餐、注意不同喜忌、礼仪言语交际等方面要因人而异，因时而异，不能以同礼相待。所以，在指导实习时，要设计一些需要机变的场合、情景，包括互不相容的场面，强化实习训练，让学生从具体的实习操作中增强应变能力，正确地使用礼仪，从而成为礼仪交际的能手。

5. 教育性原则

礼仪实习是向学生进行职业道德教育的最佳时机，在整个实习过程中要认真做好学生的思想政治工作，在气质、风度、性格、思想、习惯、职业文明道德等方面要制定与礼仪实习配套的培养指标，按照要求，因人而异地从严教育，以养成学生热情、诚恳、自尊、勤奋、耐劳、彬彬有礼的品德，在任何时候、任何情况下，都能以诚交人、以礼待人，并能自觉抵制社会交际中的不良现象，不做有损人格甚至有损国格的事情。通过艰苦的技巧训练和扎实的思想教育，提高学生的整体素质，使他们成为公关礼仪交际的合格人才。

二、礼仪实习的方法

1. 模拟实习

这种实习是与假设出来的某些公众在某种场合里的礼仪交际。模拟的基本要求为真实、有用、重点明确、知识转化，以突出教材的实用礼仪为主。有条件的学校及其他培训单位，还可以组织化妆模拟实习，从交际双方的衣帽、彩带到装扮、道具都要正规化，要与现实的礼仪交际一模一样。

模拟实习的特点是假戏真做。它要求设计合理、角度新颖、组织严密、气氛活跃。通过有计划的模拟训练，使学生获得技能，巩固知识。实习场所的选择应根据实习目标决定，教室、礼堂或者广场均可。在设计、准备、实习操作等一系列活动中，一律由交际礼仪教师负责指导。

2. 现场见习

现场见习就是组织学生到礼仪交际场合观摩，如剪彩、授奖、开幕式等。在现场观摩前要做好几件事情：

（1）根据教学进度有目的地选择见习现场，要取得主人的同意和支持。

（2）向学生指明见习目的、见习要点、见习方法以及见习反馈的要求等，使学生观有所得，得有所悟。

（3）整理学生装束，要求整齐、美观，还要求学生的气质、风度同现场氛围协调，在现场能够博得公众的注目和喜爱。有些礼仪需要实地见习而又没有机会时，可用模拟实习代替。

3. 岗位实习

这是礼仪实习的主要形式。学生正式进入实习后，在师傅或实习教师的指导下按照课题要求进行礼仪操作训练，每一阶段的每一课题都要有饱满的内容和阶段考核的指标。对分散在不同地方实习的学生，实习教师要随时同店堂师傅密切配合，控制实习过程、掌握学生动态，以便使学生的岗位实习能够取得实效。

在岗位实习期间，实习教师还要同师傅一起制定实习教程，争取在单项实习的基础上进行礼仪系列实习，使学生成为礼仪交际的多面手，以适应人才市场的需要。学生自己要主动、积极地向师傅或者所在单位的公关礼仪人员学习，写好实习日志，交实习教师审阅，教师要为学生提供与师傅或教师交流的机会。

4. 知识竞赛

知识竞赛和技能表演可以同时进行。口述题、表演题等都要根据教材内容中的实用礼仪组织专业教师、公关专家拟定，并邀请当地公关交际专家、社会知名人士、专业主讲教师担任评委，对学生的礼仪知识和礼仪交际能力进行现场考核、评定。在这项活动中还可以穿插礼仪演讲、机智交谈等项目，使学生进一步认识到礼仪知识、交际能力、公关口才同自己职业的密切关系，从而付出更多的精力学习和研究交际礼仪。

第三节　礼仪实习策划

礼仪实习虽然也有动手操作的实习项目，但是它同车、钳、焊、电、化等专业的生产实习又有很大的区别。因此，精心策划、合理设计是一件很重要的工作。

一、礼仪实习创意

创意就是从企图、场合、环境、情态、组织程序、工作流程等方面进行全面的思考和部署，即预先确定清晰的思路和缜密的步骤，这对礼仪实习来讲，可被看作是成功的前提。如果把礼仪学习比作开花，那么实习创意就是植树，树植得好，花才开得鲜艳。

创意的第一个要点是对学生的礼仪实习提出全方位要求，激励他们向多面手发展。

创意的第二个要点是，对学生的礼仪实习，从情境、气氛的调节和转换到礼仪交际形式的现实反应，都设计出控制措施。

创意的第三个要点是，对学生的礼仪实习，在课题结构、衔接机制及技能量化考核指标等方面做出科学的、实用的具体规划，既能在宏观上统领全盘实习，又能在微观上指导课题训练。

礼仪实习创意同作文、绘画的构思有相似之处，它要求充分应用形象思维，设想和策划礼仪实习的运行过程，从情境的创设到效果的估计，都必须经过创意纳入总体计划，以发挥成功的创意对礼仪实习的有效约束作用。

二、礼仪实习课题

礼仪实习必须按照预设的课题有计划地进行，一般来讲，课题有以下类型。

1. 服务型课题

手技训练（如折花、雕刻），客房服务，餐厅服务，导游解说，代做广告等。

2. 礼貌型课题

迎宾、送客，引路、随行，咨询、接待，庆典主持等。

3. 公关型课题

这类课题层次较高，不同于一般礼仪交际，如谈判筹备，谈判材料编辑，谈判组织，协约制定，同外单位建立关系，公关舆论宣传，招待交际要员等。

4. 语言型课题

每一个类型的课题之中都离不开讲话训练。语言型课题专指礼仪演讲，发表祝词、谢词，人物采访，礼貌语言运用，妙言解难等。

5. 系列性课题

这类课题综合性强，它可以把迎宾、就餐、住宿、导游、洽谈一直到最后送客等一系列公关交际活动通过一条龙结构全面地反映出来。

每一类型的课题都需要有相应的方法指导学生按照规定的学时进行实习训练，以达到课题的要求。

三、礼仪实习组织

礼仪实习策划要对学生实习的组织工作提出一整套可行性措施，从场所选择、分人到位、课题制定、是非曲直、师徒签约到学生干部分工、常规考核、阶段评比、个别抽考、奖优罚劣等，都要概括课题要求、实习场所特点、带徒师傅意向，有计划地开展思想政治工作，把社会主义职业道德教育落实到具体的实习过程中，使礼仪学习真正发挥传授技能、造就人才的巨大作用。

第四节　学生礼仪实习成绩考核

学生的礼仪实习效果必须通过严格的技能考核加以评定。而且，为了能够督促学生认真、扎实地进行操作实习，还要进行过程考察，一次性考核缺乏长效推动作用，应该把平时评估和终极鉴定结合起来，以提高技能考核的信度。

一、实习考核的特点

1. 权威性

实习考核的权威性表现在以下几个方面：

（1）标准合理、规范，操作性强，依据可以量化。

（2）评委学有专长，判断能力强，能够正确执行考核标准。

（3）考核的效果为多项平均值，分析统计准确，信度高，能够反映每一个学生的礼仪实习成绩。

权威性的灵魂在于实事求是、公正待人。

2. 社会性

实习考核的社会性是指群众性的多元化的公开考核拥有广泛的社会基础。参加考核的人员组织为立体结构，有教师、师傅、公关专家、职教名流，还有职能部门、用人单位的面试专家等。这些人结合成了一个多面的、互助互控的实习考评班子，现在有些地区已将这样的考评班子转化为职业技能鉴定站，专门负责这项工作，无论何种专业的技能测试，特别是岗前测试，都必须经过这个考核机构方才有效。

3. 竞争性

实习考核的竞争性突出表现在资格等级上，许多地区在职业技术教育改革中废除了那些已不为市场经济所需要的制度，其中有的已经废除了“同班一定同等”的传统，采取了同班不同层次的措施，这样一来，一个班里的学生就有了初级、中级之分，中级里面又有级别之差，在同一技术考评标准之下划定等级界限，分清优劣，定出等级，授给证书，分别上岗。交际礼仪实习考核结果应是评定学生操作等级的重要依据之一，这比以前的那种一刀切、同吃大锅饭、同步迈出校门的做法要好得多，这样，公平竞争之风才会在学生群体中不断兴起。

4. 阶段性

实习考核的阶段性要求学生的礼仪实习成绩不能一次性论定。一般来讲，一次性论定均在实习后期进行，如果中间无人检查、评议，就势必造成中间松、后头紧，长期松、短期紧的局面。实习的过程中失去约束，后期考评效果一定不佳，因此，在学生实习期间要按照课题需要，适时地检测几次，而且要对一部分人或者某个小组进行随机抽考，并将结果公开通报，唯有如此，学生的礼仪实习才能够扎扎实实地进行下去。

二、实习考核量化指标

实习考核量化指标表见表10—1。

表10—1　　　实习考核量化指标表

主因素	序号	指标内容	权重	得分
外观美感	1	化妆	0.02	
	2	仪表	0.02	
	3	气质	0.02	
	4	风度	0.02	
	5	性格	0.02	
思想品德	6	遵守纪律	0.02	
	7	乐于助人	0.02	
	8	爱护公物	0.02	
	9	公道正派	0.02	
	10	语言文明	0.02	
礼仪知识	11	服务礼仪	0.04	
	12	公关礼仪	0.01	
	13	喜庆礼仪	0.03	
	14	礼仪言语	0.01	
	15	宗教礼仪	0.01	
礼仪语言交际	16	语言流畅节奏感强	0.03	
	17	语言幽默饶有风趣	0.01	
	18	言语自卫维护人格	0.01	
	19	礼貌语言运用熟练	0.03	
	20	巧问妙答随机应变	0.02	

续表

主因素	序号	指标内容	权重	得分
礼貌待人	21	为人诚恳、热情	0.01	
	22	说话和气、谦虚	0.03	
	23	善用谦、敬辞令	0.02	
	24	服务周到、客气	0.02	
	25	主动致谢、致歉	0.02	
礼仪行为能力	26	情绪控制能力	0.04	
	27	站立耐力	0.03	
	28	动手能力	0.03	
	29	内务整理能力	0.03	
	30	交际服务能力	0.03	
	31	处理偶发事故能力	0.03	
	32	节目主持能力	0.04	
	33	外交联络能力	0.03	
	34	失礼调节能力	0.05	
	35	礼仪表演能力	0.04	
	36	礼仪讲话能力	0.05	
	37	礼仪英语表达能力	0.02	
	38	言忌注意能力	0.02	
	39	接待要员能力	0.02	
	40	交际服务能力	0.04	
实际得分				

三、量化指标使用说明

第一，量化指标的基本内容，以教科书《交际礼仪》为依据，由 6 大项 40 小项组成，并分配了权重，与一个人的文明道德品质密切相关的，诸如遵守纪律、爱护公物、外交联络能力、内务整理能力、站立耐力等内容也列入了量化指标体系，亦应认真考核。权重大的或者权重小的项目都是学生应当养成的文明礼貌品质，均需在考核策划时做出妥善安排，轻重之分并不意味着可考可不考。但是，可以根据学生表现特点和当地人才需求趋势，对权重进行适当调整，大项或小项亦可酌情增减、变动。

第二，要明确和稳定每小项的具体要求，如“动手能力”一项，一般是指折花、雕刻、装潢等手技。“情绪控制能力”是指谦让、忍耐、克制愤怒的品质，考核起来不易操作，这就需要依靠平时的观察和判断，同时，对少数学生可以用突然刺激的方法进行观察，从被考者的眼神、脸色、面部肌肉动作的变化做出鉴定。一个人的文明礼貌素养如何，情绪控制能力是一个重要信息。情绪控制能力差的人往往容易失礼以致引发交际现场的事故。

第三，量化指标必须配上相应的考题、适宜的形式和方法以及充足的时间，在听、看两个方面准备好必用资料，从学生操作、表演、答问等一系列行为中掌握他们的真实成绩，并通过数据反映出来，坚决杜绝“评印象分，记人情等级”的现象，各方考评人员都要互相监督、互相牵制。同时，也要参看平时考核的成绩，以便全面、公正地得出结论。应当着重说明，“礼仪行为能力”必须作为重点考核项目，在六大项目中它所占权重应为50％，这是师生均应充分注意的一个重大问题。